中国社会科学院数量经济与技术经济研究所
中国经济趋势研究院

U0604122

产业中国系列丛书

项目统筹：郑光兴　刘　滨
主　　编：李　平　王宏伟

中国产业
2016年度运行分析
——基于中经产业景气指数

吴　滨　朱承亮　等◎著

经济管理出版社
ECONOMY & MANAGEMENT PUBLISHING HOUSE

图书在版编目（CIP）数据

中国产业 2016 年度运行分析：基于中经产业景气指数/吴滨等著 . —北京：
经济管理出版社，2017. 3

ISBN 978-7-5096-5007-3

Ⅰ.①中… Ⅱ.①吴… Ⅲ.①产业发展—研究—中国—2016 Ⅳ.①F121. 3

中国版本图书馆 CIP 数据核字（2017）第 057498 号

组稿编辑：杨国强
责任编辑：杨国强 张瑞军
责任印制：黄章平
责任校对：董杉珊

出版发行：经济管理出版社
　　　　　（北京市海淀区北蜂窝 8 号中雅大厦 A 座 11 层　100038）
网　　址：www. E-mp. com. cn
电　　话：（010）51915602
印　　刷：北京玺诚印务有限公司
经　　销：新华书店
开　　本：720mm×1000mm/16
印　　张：16. 25
字　　数：203 千字
版　　次：2017 年 3 月第 1 版　　2017 年 3 月第 1 次印刷
书　　号：ISBN 978-7-5096-5007-3
定　　价：68. 00 元

前　言

　　自 2009 年以来，经济日报社和国家统计局依托各自在中国经济领域的权威视角，推出了"中经产业景气指数"，跟踪监测、前瞻预警国民经济重点产业，特别是传统工业的运行情况和趋势，及时发掘报道行业领域中的新情况、新问题。"中经产业景气指数"的发布取得了良好的社会效益，指数分析结果和指标数据被广泛应用。目前"中经产业景气指数"以季度分析为主，整体性和趋势性的分析相对薄弱。为了充分发挥"中经产业景气指数"的社会效益，经济日报社中国经济趋势研究院和中国社会科学院数量经济与技术经济研究所联合开展基于"中经产业景气指数"半年和年度产业运行分析，并以系列丛书形式向社会发布，为企业经营和政府部门决策提供参考。

　　2016 年是"十三五"的开局之年，供给侧结构性改革综合效应逐步显现，工业运行稳中向好，工业企业经济效益明显好转，为"十三五"规划的顺利实施奠定了良好的基础。与此同时，也需要清楚认识到，工业转型升级还远未完成，企业整体创新能力依然薄弱，对资源投入依赖程度较高，资源类行业具有较强的投资冲动，加之国际环境趋紧，工业发展形势仍不容乐观。本书以"中经产业景气指数"为基础，从生产、

1

销售、效益、投资、库存、用工等方面分析工业行业运行趋势，归纳行业运行的特点，探寻影响行业发展的原因，力图对工业 2016 年运行状况进行全景展示。此外，结合企业调查和模型测算，对 2017 年工业运行进行展望，并提出相关建议。本书共分十二个部分，除了工业总体之外，包括煤炭、石油、电力、钢铁、有色金属、化工、装备制造、IT 设备制造、医药、服装、文体娱乐用品等行业，重点关注传统能源、原材料行业，同时兼顾行业代表性，尽可能地反映工业全貌。

感谢国家统计局对本书撰写的大力支持。由于受时间等因素的限制，本书还存在许多有待完善的地方，真诚地希望广大读者提出宝贵意见和建议，促进相关研究的进一步提升。

2017 年 2 月

目　录

中经产业景气指数 2016 年工业年度分析 ………………………………… 1

中经产业景气指数 2016 年煤炭产业年度分析 ……………………… 27

中经产业景气指数 2016 年石油产业年度分析 ……………………… 47

中经产业景气指数 2016 年电力行业年度分析 ……………………… 67

中经产业景气指数 2016 年钢铁行业年度分析 ……………………… 89

中经产业景气指数 2016 年有色金属行业年度分析 ……………… 109

中经产业景气指数 2016 年化工产业年度分析 …………………… 131

中经产业景气指数 2016 年装备制造行业年度分析 …………… 151

中经产业景气指数 2016 年 IT 设备制造业年度分析 ………… 173

中经产业景气指数 2016 年医药行业年度分析 …………………… 193

中经产业景气指数 2016 年服装行业年度分析 …………………… 213

中经产业景气指数 2016 年文体娱乐用品制造业年度分析 ……… 233

中经产业景气指数 2016 年工业年度分析

一、2016 年工业运行情况[①]

(一) 2016 年工业景气状况

1. 工业景气指数持续稳中向好

"平稳"、"向好"是描述 2016 年工业运行特征最主要的关键词，工业[②]景气状况在平稳中略有改善。在经历持续下滑之后，从 2015 年底开始，中经工业景气指数进入了稳定期。2016 年四个季度，中经工业景气指数分别为 92.3、92.4、92.4 和 92.5[③]，运行状况相当稳定。与此同时，中经工业景气指数呈现好转态势，四个季度中经工

① 本部分的分析主要基于中经产业指数 2016 年第一至第四季度报告。
② 中经工业监测的统计口径为国民经济行业分类中的全部工业。
③ 根据景气预警指数体系运算方法，行业景气指数、行业预警指数及预警灯号的构成指标要经过季节调整，剔除季节因素对数据的影响，在对包含当期数据的时间序列进行季节调整时历史数据的季节调整结果也将发生变化，因此行业景气指数、预警指数及预警灯号发布当期数据时，前期数据也会进行调整。

业景气指数环比上升 0、0.1、0、0.1 点，2016 年第四季度同比提高 0.2 点。中经工业景气指数是由销售、利润、出口、投资、利润率和用工等指标综合合成形成，基本上能够反映工业运行的整体状况。

整体来看，随机因素①对 2016 年工业景气指数的影响相对较小。剔除随机因素后，2016 年四个季度中经工业景气指数分别为 90.3、90.4、90.4 和 90.5，各个季度随机因素的影响相当稳定，均使工业经济指数提升 2.0 点。由此可见，相关政策在促进工业发展中发挥了积极作用，同时也是工业平稳运行的重要因素。

图 1　2012~2016 年中经工业景气指数

2. 工业预警指数依然处于较低水平

2016 年，中经工业预警指数仍处于偏冷的"浅蓝灯区"。四个季度的中经工业预警指数分别为 70.3、70、70、70.3，虽然第四季度较第二、第三季度有所回升，但整体上延续 2014 年以来的偏冷状

---

① 随机因素亦称不规则性，如新政策实施、宏观调控、自然灾害等因素对数据的影响。

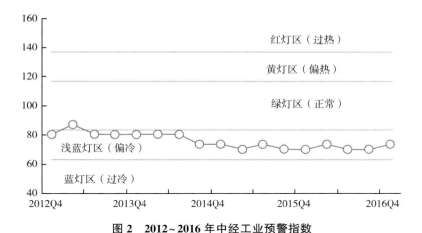

图2　2012~2016年中经工业预警指数

指标名称	2014年				2015年				2016年			
	1	2	3	4	1	2	3	4	1	2	3	4
工业企业增加值	蓝	蓝	蓝	蓝	蓝	蓝	蓝	蓝	蓝	蓝	蓝	蓝
工业企业利润总额	蓝	蓝	蓝	蓝	蓝	蓝	蓝	蓝	蓝	蓝	蓝	蓝
工业企业主营业务收入	蓝	蓝	蓝	蓝	蓝	蓝	蓝	蓝	蓝	蓝	蓝	蓝
销售利润率	绿	绿	绿	绿	绿	绿	绿	绿	绿	绿	绿	绿
工业企业从业人数	绿	绿	绿	绿	绿	绿	绿	绿	绿	绿	绿	绿
工业企业固定资产投资	蓝	蓝	蓝	蓝	蓝	蓝	蓝	蓝	蓝	蓝	蓝	蓝
工业生产者出厂价格指数	蓝	蓝	蓝	蓝	蓝	蓝	蓝	蓝	蓝	绿	绿	绿
工业企业出口交货值	蓝	蓝	蓝	蓝	蓝	蓝	蓝	蓝	蓝	蓝	蓝	蓝
工业企业产成品资金（逆转）	绿	绿	绿	绿	绿	绿	绿	绿	绿	绿	绿	绿
工业企业应收账款（逆转）	绿	绿	绿	绿	绿	绿	绿	绿	绿	绿	绿	绿
预警指数	蓝	蓝	蓝	蓝	蓝	蓝	蓝	蓝	蓝	蓝	蓝	蓝
	80	80	73	73	70	73	70	70	73	70	70	73

图3　工业预警指数及指标构成

注：由于印刷原因，蓝代表浅蓝色，蓝代表蓝色，绿代表绿色，黄代表黄色，红代表红色，如无特殊说明，全书的灯图均如此表示。

★灯号图说明：预警灯号图是采用交通信号灯的方式对描述行业发展状况的一些重要指标所处的状态进行划分：红灯表示过快（过热），黄灯表示偏快（偏热），绿灯表示正常稳定，浅蓝灯表示偏慢（偏冷），蓝灯表示过慢（过冷）；并对单个指标灯号赋予不同的分值，将其汇总而成的综合预警指数也同样由五个灯区显示，意义同上。

态，与正常的"绿灯区"仍存在一定的差距。在构成中经工业预警指数的十个指标中，增加值、利润总额、主营业务收入、销售利润率、从业人员、出口交货值、产成品资金（逆转①）、应收账款（逆转）四个季度灯号均未发生变化；固定资产投资在后三季度由一季度的"浅蓝灯"变为过冷的"蓝灯"，生产者出厂价格指数四季度由前三季度的"浅蓝灯"回归正常的"绿灯"，有所好转。相比之下，2016 年工业企业主营业务收入和增加值均处于过冷的"蓝灯区"，成为影响中经工业预警指数的主要因素，而企业盈利能力和资金运转情况则处于相对正常的状态。

（二）2016 年工业生产经营状况

1. 工业生产保持平稳走势

2016 年初，工业生产继续波动，1~2 月工业增加值同比增长5.4%，增速较 2015 年 12 月下降 0.5 个百分点；但 3 月工业生产出现明显反弹，工业增加值增速达到 6.8%，增速较年初提高 1.4 个百分点，达到近两年月度增速的最高水平；从 4 月开始，工业生产呈现出平稳态势，4~12 月工业增加值增速维持在 6%~6.3%。总体上看，近两年工业增加值增速始终围绕 6% 波动运行，但相比较而言，2016 年增速更加平稳，特别是自 4 月开始，工业增加值增速波动范围仅为 0.3，增速相当平稳。工业生产平稳运行受多方面因素支撑。分行业来看，符合产业结构升级方向的附加值较高的高技术产业继续保持两位数以上增长；与消费结构升级相关的汽车、手机等行业生产依然保持较快增长；同时，在煤炭、钢铁、有色、石油、化工等资源性产品价格持续上涨等因素的作用下，资源型行业生产呈现回暖势头。

---

① 逆转指标也称反向指标，其指标值越低，行业状况越好；反之亦然。

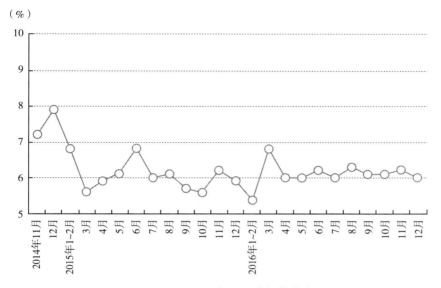

图4 2015~2016 年工业增加值增速

2. 主营业务收入同比增速持续回升

2014 年初开始，工业企业主营业务收入增速明显放缓，2015 年第四季度工业企业主营业务收入同比增长仅为 0.3%，为"十二五"期间的最低水平。在经历了持续下降之后，2016 年工业企业主营业务收入状况明显好转。经初步季节调整①，2016 年四个季度工业企业主营业务收入同比增速分别为 1.0%、4.0%、4.7% 和 6.3%，其中，第四季度同比增速比第一季度提高 5.3 个百分点，比 2015 年第四季度高出 6.0 个百分点，达到两年以来的最高水平。在生产相对平稳的背景下，价格是主营业务收入增速回升的重要因素。

---

① 初步季节调整指原始数据仅剔除春节等节假日因素的影响，未剔除不规则要素的影响。

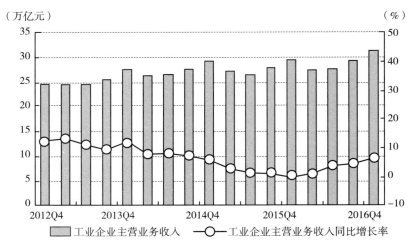

图 5　2012~2016 年工业企业主营业务收入及增速

3. 工业企业出口略有好转

与 2015 年持续负增长相比，2016 年工业出口增速略有回升。经初步季节调整，虽然第一季度工业企业出口交货值仍延续 2015 年下降趋势，同比下降 4.8%，但从第二季度开始，工业企业出口交货值均实现了正增长，分别同比增长 0.4%、2.5% 和 0.1%。综合来看，2015 年同期负增长所形成"基数效应"是工业企业出口同比增速回升的重要原因，而且 2016 年工业出口增速也处于较低水平，工业出口形势仍不容乐观。从主要贸易伙伴 2016 年出口月度变化趋势来看，对美、日出口略微好转，而对欧盟、东盟出口略有放缓。海关统计显示，1~12 月对美国出口额（以人民币计价，下同）同比增长 0.1%，而 1~9 月同比下降 1.9%；1~12 月对日本出口额同比增长 1.3%，增速比 1~9 月上升 0.8 个百分点；1~12 月对欧盟出口额同比增长 1.2%，增速比 1~9 月下降 0.6 个百分点；1~12 月对东盟出口额同比下降 2.0%，降幅比 1~9 月扩大 0.1 个百分点。

（万亿元）
（％）

工业企业出口交货值
工业企业出口交货值同比增长率

图6 2012~2016年工业企业出口情况

4. 工业品价格明显回升

价格回升成为2016年工业领域的重要特点。从3月开始，工业生产者出厂价格指数和购进价格指数彻底扭转了2014年以来持续下降的局面，除个别月份之外，3~12月工业生产者出厂价格指数和购进价格指数月度环比均实现了正增长。同时，虽然年度中期略有波动，但价格指数的环比涨幅整体呈上升趋势，2016年12月工业生产者出厂价格指数和购进价格指数分别环比上涨1.6%和1.9%，分别比2016年3月涨幅提高1.1和1.6个百分点。在环比持续上涨的带动下，2016年第四季度工业生产者出厂价格指数和购进价格指数均实现了月度同比的正增长，且增幅持续加大，其中，10~12月工业生产者出厂价格指数分别同比增长1.2%、3.3%和5.5%，工业生产者购进价格指数0.9%、3.5%和6.3%。综合来看，工业品价格的快速上涨主要与煤炭、石油、钢铁、有色等资源性产品价格上涨并带动下游产品价格回升有关。

（％）

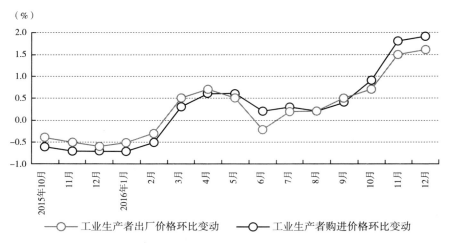

图7　2016年工业生产者出厂价格与购进价格变动

5. 工业去库存效果明显

去库存是供给侧结构性改革的核心内容，在相关政策的推动下，工业去库存稳步推进，成效显著。2014 年以来，工业企业产成品资金增长率持续下降，2016 年出现了近年来的首次单季负增长。经初步季节调整，2016 年四个季度工业企业产成品资金同比增速分别为 0.7%、-1.1%、-1.6% 和 0.5%，其中第二季度和第三季度均为同比负增长，四个季度增速分别较 2015 年同期下降 7.8、8.2、7.3 和 4.1 个百分点。自 2014 年以来，工业产成品资金增速与主营业务收入增速再次实现反转，2016 年第一季度开始主营业务收入增速再次超越产品资金增速，四个季度二者"剪刀差"分别为 0.3、5.1、6.3 和 5.8 个百分点。就全年变化趋势看，与前两个季度相比，第四季度工业产成品资金由降转增，这一方面与工业品价格的上涨有关，另一方面与实际库存的增加有关，扣除价格因素，实际库存增速比上季度加快 0.9 个百分点。同时，第四季度主营业务收入增速与产成品资金增速之间的"剪刀差"也比第三季度收窄 0.5 个百分点。上述数据表明，在销售增长持续回升的带动下，库存短周期底部或已形成。

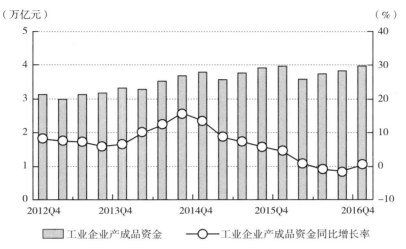

图8　2012~2016年工业企业产成品资金及增速

图9　2012~2016年工业企业产成品资金与主营业务收入比较

6. 工业企业利润恢复性增长

2016年，工业企业利润摆脱了持续负增长的局面，呈现出恢复性增长趋势，同比增速稳步提升。经初步季节调整，2016年四个季度工业企业利润总额分别同比增长 7.4%、5.9%、11.4% 和 11.5%，分别比上年同期提高 11.6、4.9、14.9 和 13.4 个百分点，尽管第二季度增速有所波动，但整体处于较高水平，特别是第三季度和第四季度利润同比增速均超高了两位数，为 2014 年以来的最高水平。虽然有"基数效应"的影响，但产品价格恢复性上涨、降成本政策的推进在工业企业利润增速回升中发挥了重要作用。

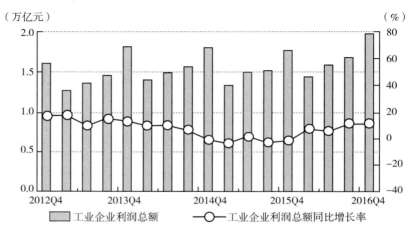

图 10　2012~2016 年工业企业利润总额及增长率

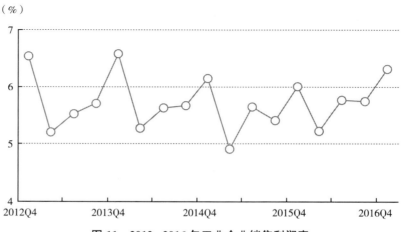

图 11　2012~2016 年工业企业销售利润率

伴随利润总额恢复性增长，企业盈利能力有所增强，工业销售利润率整体上升。经初步季节调整，2016年四个季度工业销售利润率分别为5.2%、5.7%、5.7%和6.3%，分别比上年同期高0.3、0.1、0.3和0.3个百分点。相比较而言，第四季度表现最为突出，工业销售利润率较第三季度提高了0.6个百分点，达到2013年以来的最高水平。其中，与消费相关以及与产业结构升级相关的食品制造、酒饮料、医药、汽车等行业盈利能力继续保持较高水平，比全部工业平均水平高出2.5个百分点以上；煤炭、钢铁行业的盈利能力虽然仍低于全部工业的平均水平，但在价格等因素带动下，两个行业利润率均高于2015年同期水平。

7. 工业企业应收账款增速相对平稳

整体而言，2016年工业企业应收账款增速呈现稳中有升的态势。经初步季节调整，2016年四个季度工业企业应收账款同比增长8.2%、8.6%、8.5%和9.0%，分别比2015年同期提高−2.6、−0.2、0.6和1.2个百分点。尽管有所增加，但相比而言，工业企业应收账款增速总体处于较低水平，特别是在工业企业主营业务收入恢复性增长的情况下，两者"剪刀差"持续缩小。经初步季节调整，2016年四个季度工业企业应收账款与主营业务收入同比增速之差分别为7.2、4.6、3.9和2.7个百分点，两者"剪刀差"连续四个季度收窄，缩小幅度分别为0.3、2.6、0.8和1.2。另外，应收账款周转天数①有所增加，但增加幅度呈现下降趋势。经初步季节调整，2016年四个季度工业企业应收账款周转天数分别为42、37、37和37天，分别比2015年同期增加3、2、1和1天。

---

① 应收账款周转天数表示应收账款从发生到收回（即周转一次）的平均天数。一般来说，应收账款周转天数越短，则资金利用效率越高；反之则越低。计算公式为：90/（季度销售收入/平均应收账款）。

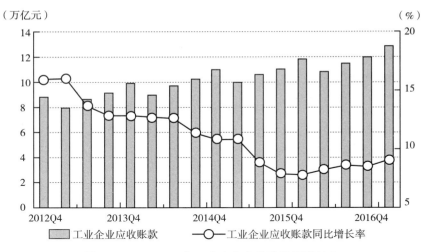

图 12　2012~2016 年工业企业应收账款及增长率

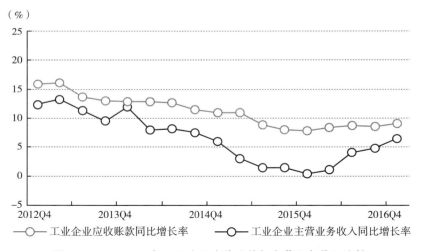

图 13　2012~2016 年工业企业应收账款与主营业务收入比较

8. 工业企业投资增速出现回升迹象

2016 年前三季度，工业企业固定资产投资延续 2014 年以来增速下降趋势，经初步季节调整，固定资产投资同比增长 7.1%、5.0% 和 0.4%，分别比 2015 年同期下降 4.0、4.4 和 7.2 个百分点，2016 年第三季度工业企业固定资产投资同比增速跌至 10 余年来的最低水平。相比之下，2016 年第四季度固定资产投资增速有所好转，达到 4.4%，虽然仍较 2015 年同期低 2.5 个百分点，但比第三季度提高 4.0 个百分点，实现了 2014 年以来固定资产投资首次季节同比增速上升。工业投资增速回升与产业升级、技术升级带动电子、电气等行业投资增长加快有关，同时受资源类产业价格回升带动相关行业投资降幅收窄也发挥了积极作用。具体来看，由于劳动密集型产业装备更新以及产业结构升级对技术密集型产业的推动，食品制造、文教工美体育和娱乐用品制造、电子以及电气等行业投资增速在 10% 以上，电力、热力以及水的生产和供应业等基础设施投资增速保持在 10% 以上，而煤炭、石油、铁矿石开采业以及化工、非金属矿物制造业等资源类行业投资仍呈同比下降态势，但煤炭、化工、非金属矿物制造业的投资降幅有所收窄。

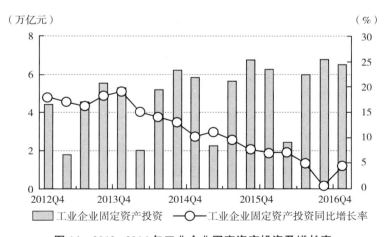

图 14 2012~2016 年工业企业固定资产投资及增长率

9. 工业企业用工人数继续下降

受整体环境、产业结构调整、技术进步、机器替代人等综合因素的影响，2016 年工业企业用工人数继续下降。经初步季节调整，

2016 年四个季度工业企业用工人数同比下降 2.6%、2.7%、2.7% 和 2.4%，降幅分别比 2015 年同期提高 2.3、1.7、1.0 和 0.4 个百分点。就年内变化趋势看，第四季度工业企业从业人数降幅有所收窄，较第三季度降低 0.3 个百分点，其中，多数装备制造业用工降幅继续收窄，特别是电子、电气、仪器仪表等行业用工降幅减少更为明显，同时煤炭、石油等资源性行业用工降幅也呈收窄态势。

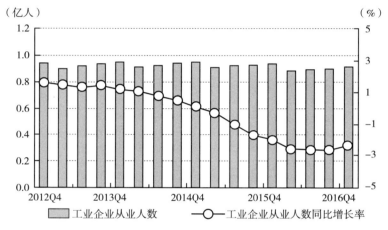

图 15　2012～2016 年工业企业从业人数及增长率

二、2016 年工业运行分析

（一）工业总体运行情况

2016 年是"十三五"开局之年，供给侧结构性改革稳步推进，工业总体呈现稳中趋好态势，对于宏观经济的平稳运行发挥了重要的支撑作用。2016 年，全国规模以上工业增加值同比增长 6%，增速与 2015 年基本持平。"去产能"、"去库存"、"降成本"等系列政策的综合效应逐步显现，工业品价格持续回升，工业企业主营业务收入和利润实现恢复性增长，销售利润率整体上升，经济效益明显好转。另外，工业总体形势并没有发生根本性改变，新动能仍处于培育期，传统行业与资源环境以及能源结构调整的要求存在较大差距，企业经营状况还有待改善。2016 年，中经工业预警指数依然运行于偏冷的"浅蓝灯区"，调整阶段的特征较为明显。

（二）工业运行的特点及原因分析

"十三五"是我国经济社会发展的重要战略机遇期，也是全面建成小康社会的决胜阶段，针对发展方式粗放、结构性矛盾突出、经济下行压力加大等问题，《"十三五"规划纲要》将供给侧结构性改革作为发展主线，着力实施"三去、一降、一补"，加快培育新的发展动能，改造提升传统比较优势。工业是供给侧结构性改革的核心领域，2016 年工业领域供给侧结构性改革稳步推进，实现了"十三五"良好的开局。

1. 工业经济"稳增长"效果显现

"十二五"中后期以来，经济社会发展的各种矛盾集中显现，经济下行压力逐渐加大，"稳增长"成为宏观调控的重点。根据有关部署，2016 年，继续实施积极的财政政策，全国一般公共预算支出18.8 万亿元，比 2015 年增长 6.4%，其中，中央一般公共预算本级和地方财政分别支出 2.7 万亿元和 16.0 万亿元，同比增长 7.3%和6.2%；稳健的货币政策灵活适度，利率整体处于较低水平，2016 年12 月末，广义货币供应量 M2 余额同比增长 11.3%，社会融资规模存量同比增长 12.8%，金融改革逐步深入；进一步深化投融资体制改革，加大简政放权力度，发挥政府投资引领作用，推动专项建设基金项目设施，以"补短板"为重点提升有效投资，2016 年基础设施投资 11.9 万亿元，同比增长 17.4%，增速比 2015 年加快 0.2 个百分点，全国房地产开发投资 10.3 万亿元，比 2015 年名义增长 6.9%（扣除价格因素实际增长 7.5%），增速比 2015 年提高 5.9 个百分点，房屋新开工面积 16.7 亿平方米，比 2015 年增长 8.1%，其中住宅新开工面积增长 8.7%。"稳增长"系列政策的实施发挥了积极效果，2016 年全国规模以上工业增加值同比增长 6%，增速较 2015 年仅下降 0.1 个百分点，在经历连续几年持续下降之后，工业经济运行趋于稳定。从规模以上工业增加值各季度表现看，第一季度同比增速为5.8%，延续下降趋势，第二至第四季度增速重新回升至 6.1%，不仅运行相当平稳，而且与 2015 年增速持平。

2. 工业领域"调结构"持续深入

2016 年，工业结构调整继续深化。国务院先后出台了《关于钢铁行业化解过剩产能实现脱困发展的意见》、《关于煤炭行业化解过剩产能实现脱困发展的意见》、《关于促进建材工业稳增长调结构增效益的指导意见》，推动过剩产能淘汰，促进传统行业转型升级。与此同时，大力推进《中国制造 2025》，全面实施创新驱动发展战略，重点突破制造业发展的瓶颈和短板，着力营造良好的创新创业环境，提升传统行业创新能力，积极培育高技术产业和新兴产业。尽管资源类价格上涨对化解过剩产能带来一定的影响，但在相关政策的推动下，2016 年全国共压减了钢铁和煤炭落后过剩产能 6500 万吨和2.9 亿吨以上，超额完成钢铁去产能 4500 万吨、煤炭去产能 2.5 亿吨的任务目标。工业内部结构进一步优化，新旧动能转换加快。在规模以上工业中，2016 年，六大高耗能行业增加值比 2015 年增长5.2%，增速比 2015 年回落 1.1 个百分点，四个季度增速分别为6.3%、6.1%、5.1% 和 3.6%，下降趋势明显；装备制造业增加值比 2015 年增长 9.5%，增速高于整个规模以上工业 3.5 个百分点，较 2015 年提高 2.7 个百分点高技术产业增加值比 2015 年增长 10.8%，比规模以上工业提高 4.8 个百分点，在规模以上工业增加值中的占比达到 12.4%，比 2015 年提高 0.6 个百分点；此外，全年共有万余家新建规模以上工业企业投产，占全部规模以上工业企业的 2.8%，对工业增长的贡献率达到 20%。

3. 工业领域"降成本"力度加大

切实降低成本，优化经营环境是提升企业活力的重要途径，也是供给侧结构性改革的核心内容。2016 年，有关部门积极开展降低实体经济企业成本行动出台了一系列"降成本"政策。根据《关于降低燃煤发电上网电价和一般工商业用电价格的通知》，自 2016 年 1 月 1 日起，全国燃煤发电上网电价平均每千瓦时下调约 3 分钱，一般工商业销售电价平均每千瓦时下调约 3 分钱；2016 年 4 月，国务院减轻企业负担部际联席会议发布了《关于做好 2016 年减轻企业负担工作的通知》，从推动涉企行政事项的公开透明、清理取消与行政职权和垄断挂钩的不合理中介服务项目、制止各种违规违法行为、促进各项惠企减负政策的落实、夯实减轻企业负担工作的基础五个方面落实"降成本、减负担"的要求；2016 年 8 月，国务院印发了《降低实体经济企业成本工作方案》，要求经过一至两年努力，降低实体经济企业成本工作取得初步成效，三年左右使实体经济企业综合成本合理下降，盈利能力较为明显增强，并对合理降低税费负担、有效降低融资成本、降低制度性交易成本、合理控制人工成本上涨、降低能源成本、大幅度降低物流成本等提出具体目标、措施以及责任分工。总体来看，工业企业经济成本继续下降，2016 年，规模以上工业企业每百元主营业务收入中的成本为 85.52 元，较 2015 年下降 0.16 元。

4. 工业企业"提效益"效果明显

2016 年，工业品，特别是资源类产品价格有所恢复。自 2016 年 1 月，工业生产者出厂价格指数同比跌幅持续收窄，从 9 月开始，工业生产者出厂价格指数同比止跌回升，12 月同比增幅已经达到了 5.5%。综合全年，工业生产者出厂价格指数同比下降 1.4%，比 2015 年收窄 3.8 个百分点，是 2012 年以来的最低降幅。其中，资源类产品价格恢复最为明显，2016 年下半年，黑色金属冶炼和压延加工业、有色金属冶炼和压延加工业、煤炭开采和洗选、石油加工、化学原料和化学制品制造、非金属矿物制品业等行业价格同比先后由负转正，第四季度上述行业出厂价格分别同比上涨 23.3%、11.0%、25.9%、9.6%、3.3% 和 2.5%，六个行业对第四季度 PPI 上涨的贡献率合计达到 94% 左右。造成工业品价格恢复的因素是多方面的，既有国际市场变化的影响，又有货币因素的作用，同时供给侧结构性改革也发挥了积极作用。在价格恢复的同时，工业领域"去库存"取得进展，截至 2016 年末，规模以上工业企业产成品存货比 2015 年增长 3.2%，增速比 2015 年回落 0.1 个百分点；产成品存货周转天数为 13.8 天，比 2015 年下降 0.4 天。受价格上涨、成本降低等多种因素的作用，工业企业经营状况全面好转。2016 年，规模以上工业企业扭转了利润下降的局面，实现利润总额 68803.2 亿元，比 2015 年增长 8.5%。其中，原材料行业表现最为突出，煤炭开采和洗选业，石油加工、炼焦和核燃料加工业，黑色金属冶炼和压延加工业，有色金属冶炼和压延加工业，非金属矿物制品业增长，化学原料和化学制品制造业利润总额分别比 2015 年增长 2.2 倍、1.6 倍、2.3 倍、42.9%、11.2% 和 10.7%；装备制造行业也保持了较高增速，汽车制造业、电气机械和器材制造业、计算机、通信和其他电子设备制造业利润总额分别同比增长 10.8%、12.6% 和 12.8%；此外，农副食品加工业增长5.5%，纺织业增长3.5%。2016年，规模以上工业企业主营业务收入利润率为5.97%，比2015年提高0.19个百分点。

5. 工业领域"促投资"逐步推进

推动高技术行业、战略性新兴行业有效投资不仅是优化产业结构、培育新动能的主要措施，而且也是稳定增长的重要内容。2016年，各级政府积极促进工业重点领域投资，工业投资出现企稳回升迹象。2016年，工业投资22.8万亿元，同比增长3.6%，增速比1～11月提高0.2个百分点；其中，制造业完成投资为18.8万亿元，同比增长4.2%，增速比2015年回落3.9个百分点，但比2016年1～11月提高0.6个百分点，2016年12月制造业投资同比增长10.4%，增速比上年同期加快5.8个百分点。工业投资结构继续优化，2016年，装备制造业投资75468亿元，比2015年增长4.4%，对制造业投资增长的贡献率为41.9%；与食品、服装、健康等有关的消费品制造业投资53726亿元，增长8.1%；高耗能制造业投资下降0.9%。针对民间投资存在的问题，2016年7月，国务院办公厅下发《关于进一步做好民间投资有关工作的通知》，强化促进民间投资的相关工作要求；10月，国家发改委印发了《促进民间投资健康发展若干政策措施》，从促进投资增长、改善金融服务、落实完善相关财税政策、降低企业成本、改进综合管理服务措施、制定修改相关法律法规六个方面提出了26条具体措施，大力推进民间投资发展。尽管2016年民间投资整体仍大幅下降，但从8月份开始民间固定投资出现企稳回升趋势。2016年，工业民间固定资产投资18.1万亿元，比2015年增长3.4%，增速比1～11月提高0.3个百分点。其中，制造业16.4万亿元，同比增长3.6%，提高0.5个百分点。

三、工业发展前瞻与对策建议

（一）工业景气和预警指数预测

目前，我国工业整体形势并没有发生根本性改变，各种深层次矛盾仍较为突出，工业依然处于动力转换的调整阶段，适应把握引领经济发展新常态，在适度扩大总需求情况下，以供给侧结构性改革为主线，坚持稳中求进仍是 2017 年政策取向。从第四季度企业景气调查结果来看，企业家对未来经济形势的判断乐观而谨慎。第四季度企业订货"高于正常"及"正常"的企业占 84.9%，比第三季度上升 2.5 个百分点，连续五个季度保持上升态势；投资计划"增加"比"减少"的企业比重低 9.6 个百分点，比第三季度收窄 1.9 个百分点，已经连续四个季度收窄；用工计划"增加"比"减少"的企业比重低 1.5 个百分点，比第三季度扩大 1.3 个百分点。工业企业家对 2017 年第一季度企业经营状况预测的预期指数为 114.1，比反映第四季度企业经

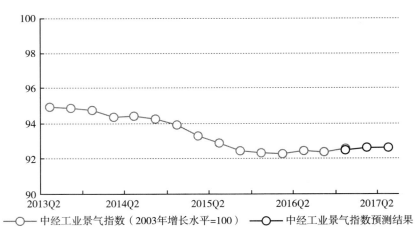

图 16 中经工业景气指数预测

营状况的即期指数低5.0点，比第三季度的预期指数低1.4点。

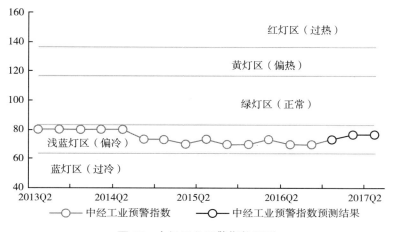

图17 中经工业预警指数预测

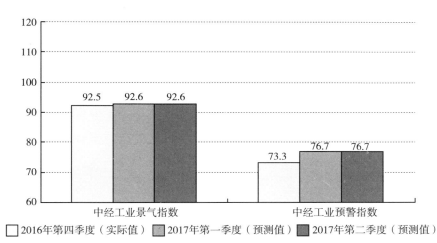

图18 中经工业景气和预警指数预测

综合上述各方面因素，工业经济运行有望延续相对平稳的运行态势。经模型测算，2017 年第一、二季度的工业景气指数均为 92.6，预警指数均为 76.7，将延续稳中微升走势。

（二）2017 年工业发展前景展望

总体上看，工业企业下行压力依然存在。投资形势依然不容乐观，尽管近几个月民间投资出现企稳回升迹象，但整体仍处于较低水平，2016 年民间固定资产投资名义同比增长 3.2%，增速较 2015 年下降近 7 个百分点，民间投资占全国固定资产投资 60% 以上，提升民间投资成为稳定经济增长的关键因素；2016 年房地产增速有所加快，但"去库存"依然是房地产行业的主要任务，2016 年房地产开发企业土地购置面积 2.2 亿平方米，同比下降 3.4%；受国际环境等因素的影响，外部投资还将低迷。根据中国社会科学院数量经济与技术经济研究所的中国经济先行指数预测，2017 年全社会固定资产投资名义增速为 8.9%，实际增长 8.7%，比 2016 年相比小幅回落。另外，结构调整"阵痛期"还没有结束，高技术、新兴产业比重虽然不断提升，但带动作用仍有限，传统行业"去产能"形势还相当严峻，工业发展还面临较大压力。

2016 年工业出口状况略有改善，规模以上工业出口交货值转降为升，同比增长 0.4%，但仍处于较低水平。目前，国际环境依然较为严峻，世界经济总体低迷，国际机构纷纷下调全球经济增长预期，美国政府更迭、英国脱欧、地缘政治问题风险加剧，增加了世界经济不确定性，民族主义和贸易及投资保护主义抬头，国际贸易挑战增多，2016 年 9 月世界贸易组织将 2016 年全球贸易量增速下调到 1.7%，为国际金融危机以来最低预测增速。同时，我国出口面临新兴经济体替代效应和发达国家再工业化的挑战。中国社会科学院数量经济与技术经济研究所的中国经济先行指数预测，2017 年出口降幅还将有所扩大。

在面临较多的挑战的同时，我国经济长期向好的基本面没有改变，而且前期不利因素已经有所释放，供给侧结构性改革系列政策的效果逐步显现，企业经营状况正在改善，对经济新常态认识更加深入，宏观政策和产业政策针对性增强，稳中求进是未来经济发展的主调。中国社会科学院经济学部印发的经济蓝皮书《2017 年中国经济形势分析与预测》预测，2017 年第二产业增加值增长率将为 5.8%，与 2016 年相比略低；规模以上工业增加值同比增长 6.0%，增速与 2016 年持平。

（三）对策建议

"十三五"开局平稳，为工业发展奠定了较好的基础。目前，工业经济正处于转型升级的攻坚阶段，各种因素相互交织，深层次问题逐渐显现，应充分注重长期目标和短期目标的结合。一方面，坚持推进结构调整，优化工业发展环境，增强工业的内生动力；另一方面，积极化解不利因素，应对短期冲击，促进工业经济平稳运行。

1. 标本兼治，深化供给侧结构性改革

2016 年供给侧结构性改革初见成效，对于工业经济稳中向好发挥了重要作用，但同时也存在较多困难，特别是随着资源类产品价格的回升，部分已经停产的项目出现了复产冲动，化解过剩产能面临较大的压力，而随着改革的不断推进，所面临的压力将更加突出。在经济新常态背景下，供给侧结构性改革对工业发展具有重要意义，不仅是应对现实矛盾的政策选择，而且是工业转型升级的重要途径。中央经济工作会议指出，2017 年是供给侧结构性改革的深化之年，相关改革将继续推进。在深化供给侧结构性改革过程中，要注重标本兼治，积极应对现实问题的同时，深入研究造成结构性矛盾的深层次原因，进一步强化体制机制建设，破解制约工业发展的关键问题，优化工业发展环境，推动工业经济由量变向质变过渡。此外，

供给侧结构性改革相关政策具有内在关联性，要注重各项政策的统筹协调，增强各项政策之间的协同效应，充分发挥政策合力，全面促进工业经济转型升级。

2. 大力推动民间固定资产投资

近年来，民间投资下滑对经济发展造成了较大压力，积极破解制约民间投资发展的关键问题，提升民营投资信心，促进民间投资健康发展对于保障工业经济平稳运行，推动供给侧结构性改革具有重要意义。促进民间投资要注重制度建设和能力培养相结合，一方面，着力突破制度瓶颈，积极消除行政性垄断，营造公平竞争的投资环境，推动金融创新，完善信用体系，加大对民营实体经济的支持力度，拓展融资渠道，降低民营企业融资成本，切实解决民营企业融资难问题；另一方面，经济和企业活力是推动投资发展的根本所在，简政放权，进一步减少行政干预力度，释放经济活力，优化发展环境，改善民营企业经营状况，增强投资能力，加强高技术行业关键环节的培养，为相关领域培养开辟道路。

3. 着力营造良好的创新环境

工业动力转换本质上是实现由资源驱动向创新驱动转变，创新能力薄弱是制约我国工业发展的短板，提升创新能力在工业转型升级中发挥着决定性作用。《中国制造 2025》是未来十年建设制造强国的行动纲领，2017 年要进一步落实《中国制造 2025》的部署，面向新一轮科技革命和产业变革，加强前沿技术和颠覆性技术研究，加大对关键技术和共性技术的研发支持，推动制造业与互联网融合发展，深化军民融合，加强传统行业改造升级，提升绿色制造水平。同时，要充分认识到良好创新环境是创新能力不断提升的根本所在，进一步加强创新环境的培育。强化企业创新的主体地位，充分调动企业创新的积极性，严格产业政策和技术标准，保障企业创新的合理收益，健全创新激励机制；加强科研管理机制改革，鼓励科研人员参与实体经济创新，加强社会科技共享资源体系的建设，降低创新参与者的创新成本，保护创新者的创新勇气和创新热情，构建宽松和谐的社会创新氛围。

执笔人：吴滨

中经产业景气指数 2016 年煤炭产业年度分析

一、煤炭产业 2016 年运行状况[①]

（一）煤炭产业[②]景气状况

1. 景气指数加速回升

在供给侧改革的推动下，随着一系列"去产能"政策效果的显现，煤炭行业供需格局明显改善，2016 年煤炭产业景气指数[③]呈现出加速回暖的态势，第一季度、第二季度、第三季度、第四季度的煤炭产业景气指数分别为 93.8、93.8、94.7 和 97.2，全年上升 3.4 点，扭转了自 2014 年第一季度以来煤炭产业景气指数不断下

---

① 本部分数据分析主要基于中经产业景气指数 2016 年第一至第四季度报告。
② 煤炭产业包括国民经济行业分类中煤炭开采和洗选业。
③ 根据景气预警指数体系运算方法，产业景气指数、产业预警指数的构成指标要经过季节调整，剔除季节因素对数据的影响，因此产业景气指数、预警指数发布当期数据时，前期数据也会进行调整。

滑的态势。2016 年底景气指数已经接近 2014 年第一季度的最高点（98.0）。

在构成中经煤炭产业景气指数的指标中（仅剔除季节因素①，保留随机因素②），利润总额、销售利润率、主营业务收入、固定资产投资均有不同程度的回升。剔除随机因素后，2016 年中经煤炭产业景气指数不断上升，从第一季度的 90.8 上升到第四季度的 94.3（图 1 中的蓝色曲线），连续三个季度回升。

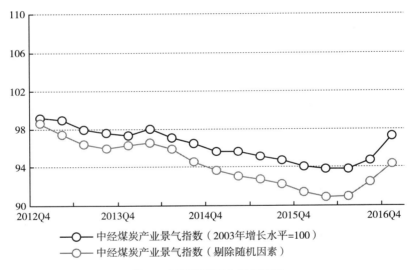

图 1　中经煤炭产业景气指数

2. 预警指数飞入"绿灯区"

从中经煤炭产业预警指数看，2016 年预警指数快速上升，扭转了近年来持续下滑的态势。预警指数从 2016 年第一季度的 62.96 快速上升到第四季度的 96.3，比第一季度大幅上升 33 点，由"浅蓝灯

---

①　季节因素是指四季更迭对数据的影响，如冷饮的市场销量随四季气温年复一年发生周期变动。

②　随机因素亦称不规则性，如新政策实施、宏观调控、自然灾害等因素对数据的影响。

区"飞入"绿灯区"。2016 年底煤炭产业预警指数达到了自本项研究（2012 年第四季度）开展以来的最高值。

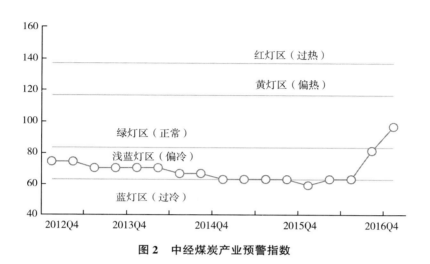

图 2　中经煤炭产业预警指数

3. 预警灯号

在构成中经煤炭产业预警指数的九个指标中（仅剔除季节因素，保留随机因素），2016 年底位于"绿灯区"的有两个指标——煤炭产业销售利润率、煤炭进口量（逆转①）；位于"黄灯区"的有三个指标——产业利润合成指数、产业产成品资金（逆转）和产业应收账款（逆转）；位于"蓝灯区"的有三个指标——主营业务收入、从业人数、固定资产投资总额。从 2016 年全年看，利润合成指数从"蓝灯"变为"绿灯"，又变为"黄灯"；销售利润率由"浅蓝灯"变为"绿灯"；生产者出厂价格指数由"蓝灯"变为"浅蓝灯"，又变为"红灯"；产业应收账款由"绿灯"变为"黄灯"，其他指标灯号未发生变化。

---

　　①　逆转指标也称反向指标，对行业运行状况呈反向作用。其指标值越低，行业状况越好；反之亦然。

指标名称	2014 年				2015 年				2016 年			
	1	2	3	4	1	2	3	4	1	2	3	4
煤炭产业利润合成指数	蓝	蓝	蓝	蓝	蓝	蓝	蓝	蓝	蓝	蓝	绿	黄
煤炭产业主营业务收入	蓝	蓝	蓝	蓝	蓝	蓝	蓝	蓝	蓝	蓝	蓝	蓝
煤炭产业销售利润率	绿	绿	绿	蓝	蓝	蓝	蓝	蓝	蓝	蓝	绿	绿
煤炭产业从业人数	蓝	蓝	蓝	蓝	蓝	蓝	蓝	蓝	蓝	蓝	蓝	蓝
煤炭产业固定资产投资总额	蓝	蓝	蓝	蓝	蓝	蓝	蓝	蓝	蓝	蓝	蓝	蓝
煤炭产业生产者出厂价格指数	蓝	蓝	蓝	蓝	蓝	蓝	蓝	蓝	蓝	蓝	蓝	红
煤炭进口量（逆转）	绿	绿	绿	绿	绿	绿	绿	绿	绿	绿	绿	绿
煤炭产业产成品资金（逆转）	绿	绿	绿	绿	绿	绿	绿	绿	黄	黄	黄	黄
煤炭产业应收账款（逆转）	绿	绿	绿	绿	绿	绿	绿	绿	绿	绿	黄	黄
预警指数	蓝	蓝	蓝	蓝	蓝	蓝	蓝	蓝	蓝	蓝	蓝	绿
	70	67	67	63	63	63	63	59	63	63	81	96

图 3　中经煤炭产业预警指数指标灯号

★灯号图说明：预警灯号图是采用交通信号灯的方式对描述行业发展状况的一些重要指标所处的状态进行划分：红灯表示过快（过热），黄灯表示偏快（偏热），绿灯表示正常稳定，浅蓝灯表示偏慢（偏冷），蓝灯表示过慢（过冷）；并对单个指标灯号赋予不同的分值，将其汇总而成的综合预警指数也同样由五个灯区显示，意义同上。

（二）煤炭产业生产经营与投资状况

1. 产量保持下降态势

产业产量是煤炭产业发展状况的最直接指标。2016 年 1～11 月原煤产量为 34.6 亿吨，第一季度、第二季度、第三季度、第四季度分别为 9.2 亿吨、8.3 亿吨、8.3 亿吨和 8.7 亿吨，分别同比下降 6.4%、8.9%、22.0%和 9.5%，总量保持下降态势。但从降幅来看，第四季度降幅比第三季度收窄 12.5 个百分点，为 2016 年首次收窄。第四季度煤炭生产的回升一方面与价格上涨、需求增加有关，另一方面也与政策因素有关。2016 年 9 月，为抑制煤价过快上涨、稳定市场供应，国家启动煤价一级响应机制，产能释放加快。

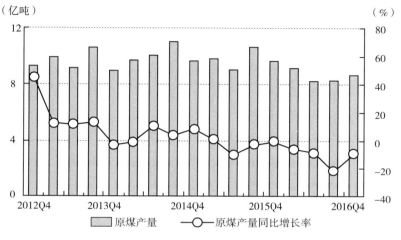

图 4　2012~2016 年煤炭行业产量及增速

2. 主营业务收入开始增长

2016 年煤炭产业主营业务收入（季度调整①）为 24507.0 亿元，与 2015 年相比下降 5.6%。但按季度来看，第一季度、第二季度、第三季度和第四季度的主营业务收入（季度调整）分别为 5919.0 亿元、5585.2 亿元、5958.3 亿元和 7044.6 亿元，分别同比变化为 -17.1%、-11.2%、-4.8% 和 12.3%。受价格大幅上涨的影响，第四季度主营业收入扭转了自 2013 年第四季度以来连续 12 个季度同比下降的局面，开始出现增长。

3. 进口大幅度反弹

2016 年煤炭进口不断增长，出现大幅反弹态势。第一季度、第二季度、第三季度和第四季度进口量分别为 5196.6 万吨、5741.0

---

① 初步的季节调整指仅剔除春节等节假日因素的影响，未剔除不规则因素的影响。

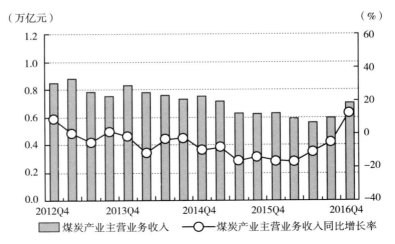

图 5　2012~2016 年煤炭行业主营业务收入及增速

万吨、6946.0 万吨和 7295.0 万吨，同比变化为 -9.9%、12.1%、25.5%和52.5%。煤炭进口持续快速增长，一方面受需求增加、价格上涨的影响，另一方面，也与国内供给持续偏紧有关。

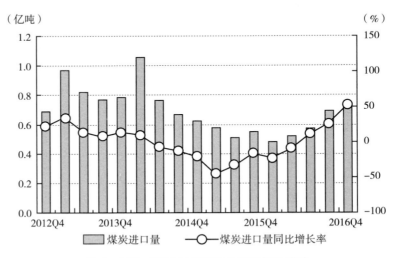

图 6　2012~2016 年煤炭行业进口量及增速

4. 价格急剧上涨

受"去产能"措施导致供给偏紧的影响，2016年煤炭价格急剧上升。第一季度、第二季度、第三季度和第四季度生产者出厂价格同比变动为−17.6%、−10.2%、−2.3%和28.6%。第四季度价格大幅上涨，扭转了连续四年的下跌走势。从价格波动看，2016年价格波动为近年来最大。

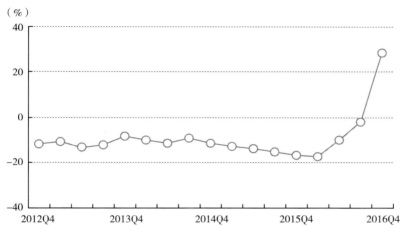

图7　2012~2016年煤炭行业生产者出厂价格

5. 去库存进程加快

产成品资金是指从产品完工检验合格入库起，到销售取得货款或结算货款为止，这一阶段所占用的流动资金。经初步季节调整，2016年产成品资金达到3769.8亿元，相比2015年的4063.4下降293.6亿元，去库存进程加快。从2016年四个季度的变化看，四个季度分别为934.2亿元、927.7亿元、957.2亿元和950.6亿元，分别同比下降1.4%、9.3%、8.6%和9.1%。与主营业务收入增速相比，产成品资金延续2016年以来的下降态势，两者之间的"剪刀差"继续扩大。

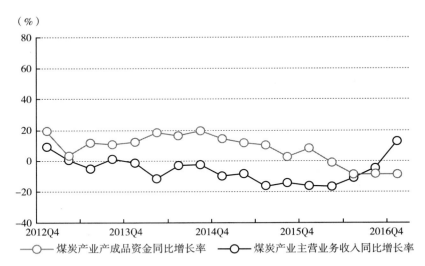

图8　2012～2016年煤炭行业产成品资金及增速

6. 利润大幅回升

2016年煤炭产业的利润总额为1085.8亿元，2015年为491.7亿元，利润大幅回升。经初步季节调整，第一季度、第二季度、第三季度、第四季度的利润总额分别为−16.5亿元、54.0亿元、249.9亿元、798.4亿元，分别同比变动为−11.1%、−37.1%、184.7%、371.8%，扭转了煤炭产业连续17个季度同比下降的趋势。利润持续高速增长的原因，一方面与价格大幅上涨有关，另一方面也与上年同期基数较低有关。

从销售利润率看，第一季度、第二季度、第三季度、第四季度分别同比变动−0.3%、1.0%、4.2%、11.3%，第四季度达到近四年以来的最高水平，企业盈利能力明显恢复。

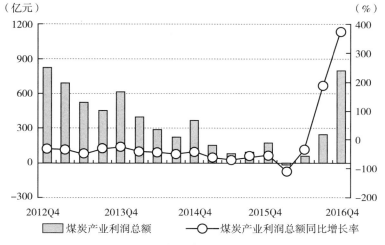

图 9 　2012~2016 年煤炭行业利润总额及增速

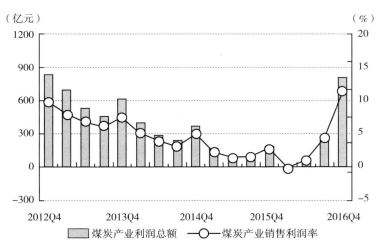

图 10 　2012~2016 年煤炭行业利润总额及利润率

7. 资本周转速度加快

应收账款是指企业在正常的经营过程中因销售商品、产品、提供劳务等业务，应向购买单位收取的款项，是企业在销售过程中被购买单位所占用的资金。应收账款的变化反映了企业资本周转速度的变化。2016 年煤炭企业应收账款 14583.9 亿元，相比 2015 年的

15144.7亿元，下降561.2亿元。从增长率看，经初步季节调整，2016年第一季度、第二季度、第三季度、第四季度的煤炭产业应收账款的同比增长率分别为5.5%、−3.5%、−7.6%和−8.1%，应收账款压力减小，资本周转速度加快。从应收账款周转天数看，2016年第一季度、第二季度、第三季度、第四季度应收账款周转天数分别为58.7天、58.8天、54.3天和46.5天，周转天数不断减少，资金周转效率明显提高。

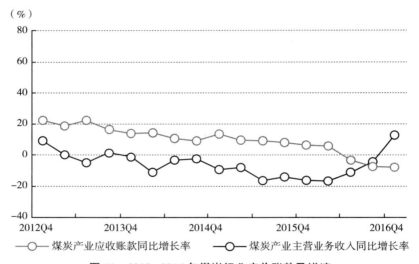

图11　2012~2016年煤炭行业应收账款及增速

8. 投资总体持续下降

受供给侧改革的影响，煤炭产业固定资产投资总体继续呈现下降态势。2016年第一季度、第二季度、第三季度、第四季度的固定资产投资额分别为184.5亿元、655.5亿元、958.0亿元和1048.0亿元，同比变化为−30.1%、−33.3%、−33.1%和0.9%。受煤炭价格上涨影响，第四季度投资增加，扭转了连续10个季度投资同比下降的态势，是自2014年第二季度以来的首次增长。

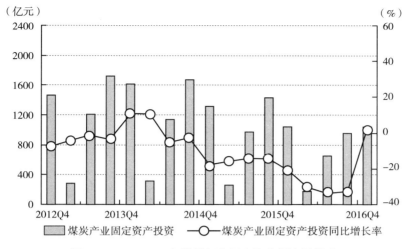

图 12　2012～2016 年煤炭行业固定资产投资及增速

9. 用工人数持续下降

2016 年第一季度、第二季度、第三季度、第四季度的从业人员分别为 421.6 万人、407.4 万人、403.2 万人和 401.3 万人，同比下降 7.5%、9.3%、9.4%和 9.0%，延续此前 12 个季度的下降态势。

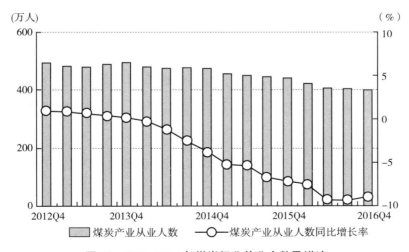

图 13　2012～2016 年煤炭行业从业人数及增速

二、煤炭产业 2016 年运行分析

（一）总体运行情况

在供给侧改革的推动下，随着一系列"去产能"政策效果的显现，煤炭行业供需格局明显改善，2016 年煤炭产业景气指数呈现出加速回暖的态势，第一季度的煤炭产业景气指数为 93.8，第四季度上升为 97.2，全年上升 3.4 点，扭转了自 2014 年第一季度以来煤炭产业景气指数不断下滑的态势。

具体而言，在供给侧改革的推动下，2016 年煤炭完成 2.5 亿吨去产能任务。在此推动下，产量下降、用工减少，为了满足市场需求，价格大幅上涨、进口出现反弹，在价格上涨的拉动下，主营业务收入回升、去库存加快、利润回升、资本周转速度加快。

（二）基本原因分析

2016 年煤炭产业景气指数呈现出加速回暖的态势，核心推动因素是供给侧改革。

（1）煤炭行业化解过剩产能、推进供给侧改革。2016 年 2 月国务院下发《关于煤炭行业化解过剩产能实现脱困发展的意见》（以下简称《意见》）。《意见》明确指出，从 2016 年开始用 3~5 年的时间，煤炭行业再退出产能 5 亿吨左右、减量重组 5 亿吨左右，较大幅度压缩煤炭产能，适度减少煤矿数量，煤炭行业过剩产能得到有效化解，市场供需基本平衡，产业结构得到优化，转型升级取得实质性进展。《意见》明确了进一步化解煤炭行业过剩产能、推动煤炭企业实现脱困发展的九项主要任务：严格控制新增产能，加快淘汰落后产能

和其他不符合产业政策的产能，有序退出过剩产能，推进企业改革重组，促进行业调整转型，严格治理不安全生产，严格控制超能力生产，严格治理违法违规建设，严格限制劣质煤使用[1]。在此推动下，2016 年全国规模以上煤炭企业原煤产量 33.64 亿吨，同比下降9.4%，[2] 并完成去产能 2.5 亿吨的年度任务。

（2）煤炭产业景气指数加速回暖的机理。在供给侧改革的推动下，煤炭产量大幅下滑（相比于 2015 年，2016 年同比下降 9.4%），产量的下降带来供需变化条件的变化，引起用工减少、进口增加、价格上涨。价格上涨推动主营业务收入增长、利润回升、去库存加快、资本周转速度加快。这些又会反过来影响投资和产量。因此，2016年第四季度价格出现 28.6%的大幅度上涨，投资也出现自 2014 年第二季度以来的正增长。

三、行业前瞻与对策建议

（一）煤炭产业景气和预警指数预测

煤炭行业企业景气调查结果表明，反映企业家对 2017 年第一季度企业经营状况判断的预期指数为 93.4，比 2016 年第四季度上升7.3 点。经模型测算，2017 年第一季度和第二季度，中经煤炭产业景气指数分别为 97.2 和 96.5；预警指数分别为 96.3 和 92.6，均呈现温和回落走势。

---

① 国务院：《关于煤炭行业化解过剩产能实现脱困发展的意见》，2016 年 2 月 5 日，http：//www.gov.cn/zhengce/content/2016-02/05/content_5039686.htm。

② 国家发改委：《2016 年煤炭生产供应简况》，国家发改委网，http：//yxj.ndrc.gov.cn/mtzhgl/201701/t20170125_836783.html。

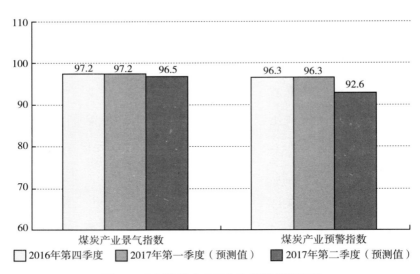

图 14 中经煤炭产业景气和预警指数预测

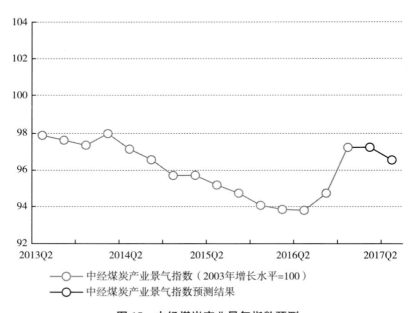

图 15 中经煤炭产业景气指数预测

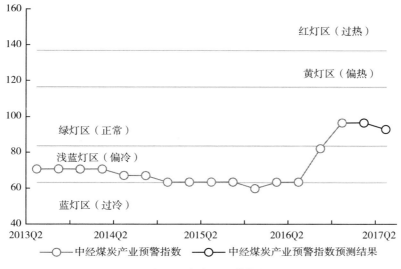

图 16　中经煤炭产业预警指数预测

（二）2017 年行业前景展望

2017 年第一季度，受经济增长放缓、能源结构调整以及环保压力的影响，煤炭行业市场需求较前几年保持收缩，但供给侧改革和去产能的影响，市场供应也将增长缓慢。供需市场的变化格局，决定了 2017 年煤炭市场的回暖。

从宏观经济需求看，2016 年第三季度以来，中国经济出现了缓中趋稳、稳中向好的良好势头，经济增速继续运行在合理区间，2016 年中国宏观经济实现 6.7% 的增长。根据清华大学中国与世界经济研究中心（CCWE）的预测①，2017 年中国经济增长速度为6.6%。经济低速增长决定了能源需求的基本格局。同时，随着中国环境污染问题，特别是雾霾问题的严重化，能源结构调整日益紧迫、

①　清华大学中国与世界经济研究中心：《2017 年中国宏观经济分析与预测》，http：// pit. ifeng. com/a/20170110/50550932_0. shtml。

环境保护的压力不断增大。因此，对于煤炭的需求将出现下降。

从下游相关行业来看，随着国家限购限贷力度空前加强，库存面积绝对值位于历史最高水平，房地产行业进一步增加投资的意愿不强，进入下行通道。根据清华大学中国与世界经济研究中心（CCWE）的预测，2017 年房地产投资增长下降到 2.5% 左右。受此影响，钢铁、水泥、建材等行业的用煤需求将有所减少。

从煤炭产业供给看，2017 年是煤炭产业去产能要"啃硬骨头"的年份。尽管 2016 年完成了 2.5 亿吨的去产能任务，但是，2017 年去产能、去库存的压力没有减弱，行政去产能仍将是影响煤价的重要因素，将对煤价形成阶段性支撑，预计煤价在 2017 年绝对数值将小幅波动，但均价较上年仍然有着显著回升。

供给需求格局的变化，决定了 2017 年煤炭市场继续回暖，并呈现温和回落走势。

（三）行业发展对策建议

根据当前煤炭行业运行状况和煤炭产业供给侧改革的要求，淘汰落后产能，继续化解产能过剩；多方联动，防止煤炭价格大幅异常波动；加快升级，优化布局，实现绿色发展。

1. 淘汰落后产能，继续化解产能过剩

虽然 2016 年煤炭产业整体利润有所增加，但却集中在少数企业手中。2016 年前三季度，煤炭 28 家上市公司共盈利 191.5 亿元，而神华集团一家企业就盈利 173 亿元，占全行业总利润的 90% 以上。另外，近年来煤炭行业不景气，煤炭企业积累了大量的亏损，现金流困难，应该说在煤炭行业仍有不少资金违约案例、资金链断裂的情况。根据 2016 年 12 月中国能源工作会议的要求，2017 年将加快淘汰一批灾害严重、资源枯竭、技术装备落后，不具备安全生产条件、不符合煤炭产业政策的煤矿，重点淘汰 30 万吨以下的落后产能；高度重视煤电过剩问题，凡是开工建设手续不齐备的，一律停止建设①。

化解煤炭产能过剩问题面临着制度安排、人员安置、资产处置、政府援助、社会化职能移交、生产接续、矿区生产生活秩序、矿区社会稳定、经济补偿、存续企业处置等一系列问题，需要有序推进，逐步化解。

（1）发挥市场机制的作用，按照"消化一批、转移一批、整合一批、淘汰一批"的途径，加快化解产能过剩。要创新体制机制，建立化解产能严重过剩矛盾的长效机制，推动产业转型升级。

（2）注重运用市场机制、经济手段、法治办法来化解产能过剩，严格执行环境保护、节约能源、产品质量、安全生产等相关的法律法规。强化环保、能耗、质量、安全的硬约束。在严格执法的同时，配合运用价格杠杆等经济手段，用市场的办法来推动化解产能过剩。

（3）微观政策要有灵活性，避免"一刀切"，"错杀"好企业。过剩产能的形成原因是复杂的，去产能不能一蹴而就，尤其应注重研究不同类型产能的化解方式，做到分类指导，科学去产能，避免政策上的"一刀切"，去除落后产能的同时打击了先进生产力，这有违于供给侧结构性改革的初衷。

（4）加大政策力度引导产能主动退出。研究制定务实有效的激励政策措施，鼓励有条件的企业通过多种渠道主动压减产能。如实施跨行业、跨地区、跨所有制减量化兼并重组，退出部分产能；结合实施"一带一路"战略，通过开展国际产能合作，带动优势产能"走出去"等。

---

① 中国能源工作会议召开要求降低煤炭消费比重，http://finance.ifeng.com/a/20161228/15109658_0.shtml。

（5）营造良好的市场氛围。规范政府行为，取消政府对市场的不当干预和各种形式的保护，营造公平竞争的市场环境，使各类企业公平参与市场竞争。强化运用法律手段解决问题的意识，依法解决兼并重组、产能退出的资产债务处置和职工安置等问题。依法维护债权人、债务人以及企业职工等的合法权益。完善社保政策，妥善做好职工安置工作，维护社会稳定。

2. 产运需多方联动，防止煤炭价格大幅异常波动

在煤炭供给侧改革的推动下，市场供应下滑，导致 2016 年第四季度煤炭价格大幅上涨。产运需多方联动，防止煤炭价格大幅波动，成为经济稳定运行和煤炭产业健康发展的必然要求。

2017 年初，国家发改委、铁总与中煤协会三方合力推出一个"三四五"的长协方案。此处说的"三四五"是本次的签约主体，"三"即北京、太原、西安三大铁路局，"四"即神华、中煤、阳煤、陕煤四大煤企，"五"即华能、华电、国电、大唐、中电投五大发电企业。通过三方签订相关协议，对产运需三方中长期合同加以约束和保障，防止煤炭价格异常波动，从而力保煤电长协执行到位[①]。合同的关键在于执行。煤炭企业要精心组织均衡生产，确保必要的装车资源；电力企业要做好接卸车，保证合理库存水平；铁路部门要做好衔接，在运力上予以优先保障；相关行业协会要加强协调服务和行业自律，妥善解决好各类问题。

3. 加快产业升级，促进合理布局，实现绿色可持续发展

2016 年 12 月 28 日国家发改委发布信息称，2017 年中国一次能源消费总量控制在 44 亿吨标准煤左右，煤炭消费比重下降到

---

① 《2017 年煤市去产能再推新招：产运需"三四五"长协互保机制》，http：//www.sxmt. gov.cn/info/1451/28081.html。

60%左右①。与此同时，在全球资源约束、工业化和城镇化加速推进的大背景下，全球正面临一场资源革命，寻求替代能源、减少浪费、循环利用、优化使用、虚拟发展是未来资源革命的五大原则。因此，加快产业升级、促进合理布局，实现绿色发展是必然趋势。

（1）延伸产业链条、挖掘资源潜在价值是经济发展的根本规律。对于煤炭产业，发展煤化工产业、实现产业升级是破解环境约束、实现绿色发展的关键举措。第一，关键核心装备技术升级。在大型煤气化、空分、净化、合成、分离装备及关键泵、阀等方面，努力实现自主化，为产业化发展提供装备支撑。第二，先进煤气化技术的升级。要求高价煤高端利用、低价煤合理利用，全面提高煤炭清洁、分质、高效利用水平。第三，先进合成技术升级。煤气净化技术更先进，合成催化剂更加高效，合成技术在温度、压力、合成效率上更合理。第四，终端产品升级。通过技术创新，尽快改变目前终端产品结构雷同的困局，加快形成终端产品高端化、差异化的新局面。

（2）合理布局。在示范项目的布局上，一定要坚持靠近原料、靠近市场、进入化工园区的原则，一定要坚持量力而行、量水而行、量环境承载能力而行的要求，一定要坚持规模大型化、集聚优势显著、产业链合理、产品差异化突出的技术特色。

（3）绿色可持续发展。绿色可持续发展直接关系到煤炭产业发展的前途和未来。"十三五"期间，煤炭产业绿色可持续发展必须认真抓好三项重点工作：一是提升煤化工产业在废水、废气、废固等的排放标准，用先进合理的技术标准体系，努力提升现代煤化工项目的绿色发展水平；二是要下大功夫突破高盐废水和 CO_2 排放利用的技

---

① 《中国能源工作会议召开　要求降低煤炭消费比重》，http://finance.ifeng.com/a/20161228/15109658_0.shtml。

术制约，用清洁可靠的技术从根本上解决当前制约煤炭产业发展的环保排放突出矛盾；三是要建立高效严格的环保监管体系，特别是通过化工园区和现代煤炭基地的集中在线监管体系，培养我国煤炭产业绿色可持续发展的标杆和典型。

执笔人：胡安俊

中经产业景气指数 2016 年石油产业年度分析

一、石油产业 2016 年运行状况①

(一) 石油产业景气状况

1. 景气指数波动上升

中经石油产业②监测预警数据显示，2016 年石油产业景气指数波动中上升，第一季度、第二季度、第三季度、第四季度 (2003 年增长水平＝100③) 的景气指数分别为 94.0、95.6、94.3 和 96.2。④

油价上扬等利好因素对石油产业景气指数上升发挥了明显作用。

在构成中经石油产业景气指数的指标（仅剔除季节因素①，保留随机因素②）中，利润总额收窄，但主营业务收入和进出口金额降幅扩大、固定资产投资和从业人数继续下降。进一步剔除随机因素后，2016 年中经石油产业景气指数持续走高。由第一季度的 90.9 上升到第四季度的 94.1（如图 1 中的蓝色曲线），比未剔除随机因素的指数（如图 1 中的红色曲线）低。

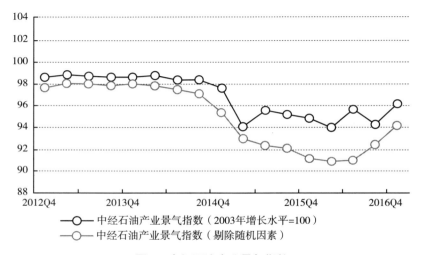

图 1　中经石油产业景气指数

2. 预警指数上升至"绿灯区"下临界线

2016 年中经石油产业预警指数不断走高，第一季度、第二季度、第三季度、第四季度的预警指数分别为 70.0、70.0、63.3 和 83.3，第四季度达到"绿灯区"的下临界线，全年波动中总体上升 13.3 点。

----

①　季节因素是指四季更迭对数据的影响，如冷饮的市场销量随四季气温年复一年发生周期变动。

②　随机因素亦称不规则性，如新政策实施、宏观调控、自然灾害等因素对数据的影响。

图 2　中经石油产业预警指数

在构成中经石油产业预警指数的 10 个指标（仅剔除季节因素，保留随机因素）中，2016 年位于"黄灯区"的有两个指标——产成品资金（逆转）、应收账款（逆转①）；位于"绿灯区"的有三个指标——利润总额、销售利润率、生产者出厂价格指数；位于"浅蓝灯区"的有三个指标——主营业务收入、从业人数和进出口总额；位于"蓝灯区"的有两个指标——生产合成指数和固定资产投资。变化比较大的指标有生产合成指数从"绿灯区"变为"蓝灯区"；利润总额、销售利润率、生产者出厂价格指数从"蓝灯区"变为"绿灯区"，反映出价格上扬对于预警指数的影响。

---

① 逆转指标也称反向指标，对行业运行状况呈反向作用。其指标值越低，行业状况越好；反之亦然。

指标名称	2014 年				2015 年				2016 年			
	1	2	3	4	1	2	3	4	1	2	3	4
石油产业生产合成指数	绿	绿	绿	绿	绿	绿	绿	绿	绿	蓝	蓝	蓝
石油产业主营业务收入	蓝	蓝	蓝	蓝	蓝	蓝	蓝	蓝	蓝	蓝	蓝	蓝
石油产业利润总额	绿	绿	绿	蓝	蓝	蓝	蓝	蓝	蓝	蓝	蓝	绿
石油产业销售利润率	绿	绿	绿	蓝	蓝	蓝	蓝	蓝	蓝	蓝	蓝	绿
石油产业从业人数	黄	黄	黄	绿	蓝	蓝	蓝	蓝	蓝	蓝	蓝	蓝
石油产业固定资产投资总额	绿	绿	绿	绿	蓝	蓝	蓝	蓝	蓝	蓝	蓝	蓝
石油产业生产者出厂价格指数	蓝	蓝	蓝	蓝	蓝	蓝	蓝	蓝	蓝	蓝	蓝	绿
石油产业进出口总额	绿	绿	绿	绿	蓝	蓝	蓝	蓝	蓝	蓝	蓝	蓝
石油产业产成品资金（逆转）	绿	绿	绿	绿	黄	黄	黄	黄	黄	黄	黄	黄
石油产业应收账款（逆转）	绿	蓝	绿	绿	绿	蓝	绿	绿	黄	黄	黄	黄
预警指数	绿	绿	绿	绿	蓝	蓝	蓝	蓝	蓝	蓝	蓝	绿
	97	93	90	77	63	60	60	63	70	70	67	83

图 3　中经石油产业预警指数指标灯号

★灯号图说明：预警灯号图是采用交通信号灯的方式对描述行业发展状况的一些重要指标所处的状态进行划分：红灯表示过快（过热），黄灯表示偏快（偏热），绿灯表示正常稳定，浅蓝灯表示偏慢（偏冷），蓝灯表示过慢（过冷）；并对单个指标灯号赋予不同的分值，将其汇总而成的综合预警指数也同样由五个灯区显示，意义同上。

（二）企业生产、经营与投资状况

1. 生产指数小幅下降

2016 年石油产业生产合成指数不断下降，第一季度、第二季度、第三季度、第四季度（2003 年增长水平＝100）生产合成指数分别为 100.6、99.6、99.0 和 98.7。

从重点监测的五种产品来看，也呈现下降的态势。具体而言，天然原油产量增速不断下滑，由第一季度的 −0.6% 下降到第四季度的 −6.9%；天然气产量增速增幅下降，由第一季度的 5.7% 下降到第四季度的 2.2%；汽油产量增速也呈现增幅下降趋势，由第一季度的 12.7% 下降到第四季度的 6.5%；煤油产量增速呈现增幅下降趋势，由第一季度的 10.7% 下降到第四季度的 9.7%；柴油产量增速不断下降，由第一季度的 1.6% 下降到第四季度的 −1.5%。

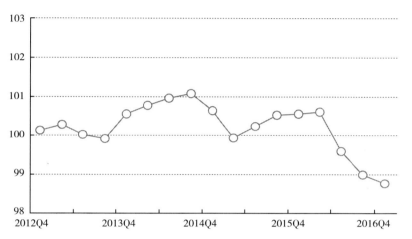

图 4　2012~2016 年石油产业生产合成指数（2003 年增长水平 = 100）

2. 销售收入不断改善

经季度调整①，2016 年第一季度、第二季度、第三季度、第四季度的主营业务收入分别为 8602.5 亿元、8505.3 亿元、8971.5 亿元和 9576.6 亿元，分别同比增长 − 10.7%、− 12.3%、− 7.6% 和 4.8%。销售收入不断改善，这主要是价格上涨所致。

3. 行业扭亏转盈

经初步季节调整，2016 年第一季度、第二季度、第三季度、第四季度的利润总额分别为 −46.8 亿元、683.2 亿元、−4.5 亿元和 1125.8 亿元，分别同比增长 − 50.8%、− 15.1%、− 101.2% 和

---

① 初步的季节调整指仅剔除春节等节假日因素的影响，未剔除不规则因素的影响。

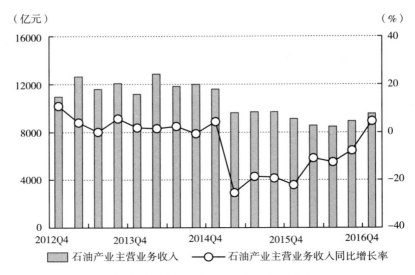

图 5 2012～2016 年石油产业主营业务收入及增速

145.7%。从销售利润率的同比增长看，四个季度分别变化为 –0.5%、8.0%、0.0% 和 11.8%。

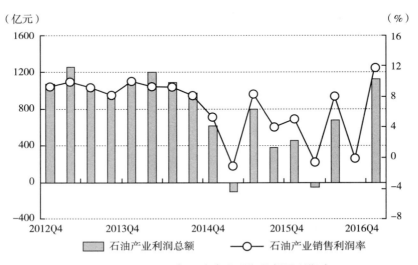

图 6 2012～2016 年石油产业利润总额及利润率

4. 价格不断上涨

自 2016 年 9 月以来，受原油价格上涨的影响，石油产业生产者出厂价格总水平不断上涨。2016 年第一季度、第二季度、第三季度和第四季度生产者出厂价格同比变动为 −18.0%、−16.6%、−7.2% 和 8.5%。从分行业月度环比价格来看，9 月、10 月、11 月，上游石油和天然气开采业价格分别上涨 4.0%、3.1% 和 2.8%；下游石油冶炼加工等行业价格分别上涨 3.2%、3.9% 和 3.5%。

图 7　2012~2016 年石油产业生产者价格

5. 进出口出现增长

经季度调整，2016 年第一季度、第二季度、第三季度、第四季度原油及成品油进出口总额分别为 336.7 亿美元、331.1 亿美元、397.0 亿美元和 389.0 亿美元，分别同比增长 −31.1%、−21.4%、−17.3% 和 3.3%，第四季度出现正增长。从进口量来看，1~11 月原油进口量为 3.4 亿吨，同比增长 14%；成品油进口量 2526 万吨，同比下降 6.6%。

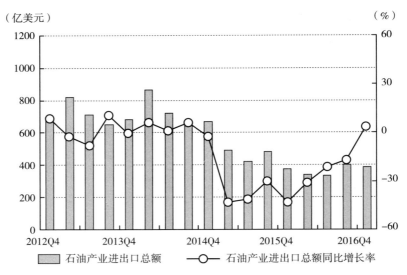

图 8　2012~2016 年石油产业进出口总额及增速

6. 产成品资金由降转增

受油价上涨影响,产成品资金由降转增。2016 年第一季度、第二季度、第三季度、第四季度产成品资金分别为 724.1 亿元、752.1

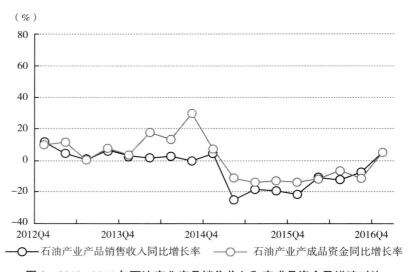

图 9　2012~2016 年石油产业产品销售收入和产成品资金及增速对比

亿元、765.6 亿元和 821.0 亿元，分别同比增长 -12.2%、-7.0%、
-11.8% 和 4.7%。

7. 应收账款降幅收窄

2016 年第一季度、第二季度、第三季度和第四季度应收账款①
分别为 974.7 亿元、989.0 亿元、1038.0 亿元和 1107.1 亿元，分
别同比下降 4.5%、8.1%、5.7% 和 4.6%。从平均周转天数看，第
一季度、第二季度、第三季度和第四季度分别为 11.2 天、10.4 天、
10.2 天和 10.1 天，不断下降。

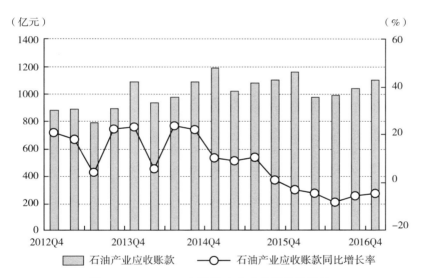

图 10　2012~2016 年石油产业应收账款及增速

8. 固定资产投资下降

经季度调整，2016 年第一季度、第二季度、第三季度和第四季
度的固定资产投资分别为 292.1 亿元、1453.0 亿元、1431.2 亿元

---

① 应收账款周转天数表示，应收账款从发生到收回（即周转一次）的平均天数。一
般来说，应收账款周转天数越短，则资金利用效率越高；反之则越低。计算公式为：
90/（季度销售收入/平均应收账款）。

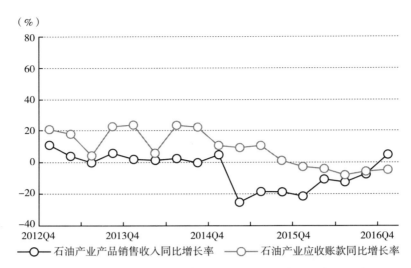

图 11　2012~2016 年石油产业产品销售收入和应收账款增速对比

和 1239.5 亿元，分别同比增长 -41.7%、-3.9%、-18.7% 和 -18.8%。受油价影响，固定资产投资不断下降。

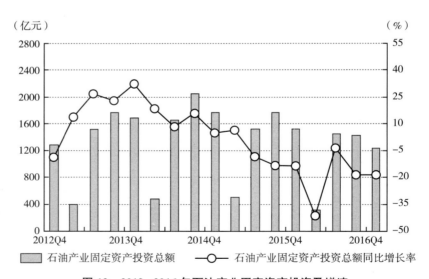

图 12　2012~2016 年石油产业固定资产投资及增速

9. 从业人数不断下降

2016 年第一季度、第二季度、第三季度和第四季度的从业人员分别为 131.3 万人、134.3 万人、131.8 万人和 131.6 万人，分别同比下降 5.7%、6.3%、6.3%和 4.6%。

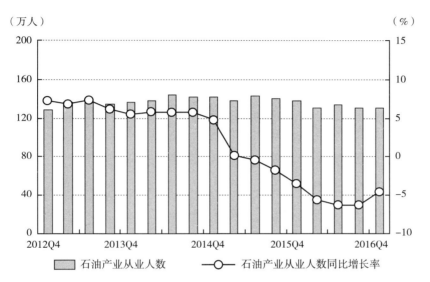

图 13 2012~2016 年石油产业从业人数及增速

二、石油产业 2016 年运行分析

（一）总体运行情况

2016 年石油价格上涨 40%左右，受国际油价上涨影响，2016 年石油产业景气指数波动中上升，第一季度、第二季度、第三季度和第四季度的景气指数分别为 94.0、95.6、94.3 和 96.2。中经石油产业预警指数不断走高，第四季度达到"绿灯区"。

具体而言，价格上涨引起销售收入不断改善、利润上升、应收账款减少；同时，也对上游开采产业带来不利影响，进而引起固定资产投资、生产指数和从业人员下降。

（二）基本原因分析

分析 2016 年石油产业的经济运行特征，需要从石油产业两大特点着眼：第一，中国作为石油对外依赖度 60%左右的世界第一大消费国，国际油价对本国影响很大；第二，石油价格的变动对该产业上下游产业带来截然不同的影响，因此常常会看到上下游产业冰火两重天的特点。

一是国际原油价格的上涨。受美国经济复苏、欧佩克减产等因素影响，国际油价不断上涨。2016 年美国 WTI 原油价格已上涨近40%，而布伦特原油价格已上涨近 46%。2016 年末原油价格一直趋稳于 50 美元以上。石油产业生产者出厂价格指数（上年同期＝100）从第一季度的 82.0 上涨到 108.5。油价的上涨导致利润增加、主营业务上涨。

二是低油价对上游产业的打击。国内油气资源劣质化趋势明显，规模化动用难度加大。总体而言，目前石油价格仍处于低位，低油价对国内油气上游生产，特别是老油田的持续影响，稳产压力巨大，上游产业在困境中前行。这势必会影响石油产业的投资和就业。

三是油价上涨对下游产业的冲击。随着油价的上涨，下游冶炼产业的投资减少。再加上中国经济从高速增长转换到中高速增长，中国经济步入新常态，宏观经济下行压力较大，国内有效需求短期内难以持续提升。这些因素共同作用导致投资减少、就业减少。

三、行业前瞻与对策建议

（一）石油产业景气和预警指数预测

1. 未来两个季度石油行业经济运行将呈现稳中有升的态势

统计模型测算结果显示，预计 2017 年第一季度景气指数为 96.4，比 2016 年第四季度上升 0.2 点；预警指数为 83.3，与 2016 年第四季度持平。预计 2017 年第二季度景气指数为 94.5，比第一季度上升 0.1 点，预警指数均为 83.3，与第一季度持平。

根据 2016 年第四季度的企业景气调查结果，预期指数为 102.4，比 2016 年第四季度上升 5.4 点。分行业看，石油和天然气开采业预期指数为 94.5，比第四季度上升 11.7；精炼石油产品制造业预期指数为 110.3，比第四季度下降 0.9 点。

2. 经济景气的上涨更多由价格推动，投资、就业仍将减少

从具体指标来看，订货方面，石油和天然气开采业订货量增加的企业比减少的企业少 18.7 个百分点；精炼石油产品制造业订货量增加的企业比减少的企业少 9.8 个百分点。用工方面，石油和天然气开采业 2017 年第一季度企业用工计划与 2016 年第四季度相比增加的企业比减少的企业少 19.8 个百分点；精炼石油产品制造业 2017 年第一季度用工计划与 2016 年第四季度相比增加的企业比减少的企业少 2.7 个百分点。投资方面，石油和天然气开采业 2017 年第一季度投资计划增加的企业比减少的企业少 35.2 个百分点；精炼石油产品制造业 2017 年第一季度投资计划增加的企业比减少的企业少 8.9 个百分点。

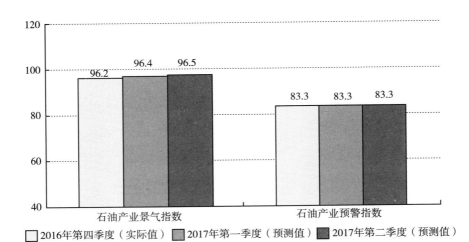

图 14　中经石油产业景气和预警指数预测

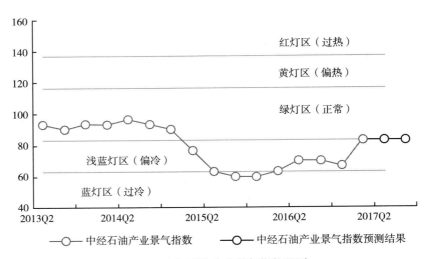

图 15　中经石油产业景气指数预测

图 16　中经石油产业预警指数预测

（二）2017 年行业前景展望

在石油输出组织（OPEC，亦称欧佩克）达成减产协议、需求低迷、结构优化、环境治理的背景下，预计 2017 年第一季度石油行业价格稳中有升。

1. 国际原油供给需求的基本格局

从供给方面看，以欧佩克为代表的"老中东"、以美国为代表的"新中东"和以俄罗斯、中亚里海、巴西、东非等油气供应中心为代表的"中东之外"构成三大供给中心。从需求方面看，中国作为世界第一大原油消费国，再加上正在崛起的印度，构成"需求中东"。供给需求四方的格局，决定着原油价格变动的基本格局。

2. 供给的减少

2016 年 11 月 30 日欧佩克八年来首次同意削减其成员国石油产量。经商定，欧佩克与非欧佩克国家决定削减 120 万桶/日的石油产量，其中，以俄罗斯为首的非欧佩克国家同意减产 55.8 万桶/日。

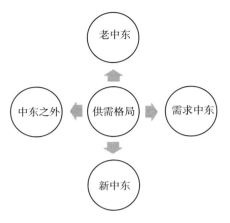

图 17　世界石油格局

该减产协议于 2017 年 1 月 1 日生效①。不过，欧佩克主导的合理减产提振油价的计划对美国页岩油生产者带来了福音。自 2014 年中期以来，北美已经有 100 多家石油服务公司破产，接下来几个月，陷入困境的钻机和部分搁置的项目有可能重启。但从总体上看，近期原油供给减少。这势必推动原油价格上涨。

3. 需求的减少

随着中国经济从高速增长转换到中高速增长，中国经济步入新常态，宏观经济下行压力较大，国内有效需求难以持续提升。2016 年中国能源消费总量 43.6 亿吨标准煤，增速 1.4%。其中石油表观消费 5.56 亿吨，增长 2.8%。剔除原油库存变动因素，实际消费增速约 0.7%②。受供给侧改革效果显现、投资增速总体放缓、经济转型和高铁、新能源汽车快速发展等影响，成品油需求增长区间下移，三大油品消费增速全面放缓。与此同时，随着储存设施的填满，中国 2017 年的原油进口增长可能萎缩 60% 以上。

---

① 《2016 国际石油涨幅 40%》，http：//mt. sohu. com/20161226/n476976807. shtml。
② 《中国油气行业发展 2016 年概述与 2017 年展望》，http：//center. cnpc. com. cn/bk/system/2017/01/18/001630597. shtml。

从国际市场需求看，复苏同样乏力。美国贸易保护主义、英国脱欧、希腊债务等重大政治事件，最终可能会冲击市场。需求的低迷意味着成品油需求受限，化工行业整体低迷，需求改善的可能性不大。

4. 环境保护的新要求

2016 年 1 月 1 日，新修订的《中华人民共和国环境保护法》正式实施。这部被称为"史上最严"的《环境保护法》对高耗能、高排放的石油石化行业来说，将形成更加严厉的机制。2016 年末环保产业发展的各项政策密集出台，以及年末长期恶劣天气的影响，国家将会继续调整石油等行业产业结构，市场需求受到一定影响。

概括起来，尽管供给和需求都减少，但是供给的变化是快速的，而需求的变化是渐进的。因此，2017 年上半年油价呈现稳中上升的局面。2017 年为 50~60 美元/桶①。

（三）行业发展对策建议

在油价上涨的带动下，石油行业景气指数不断回升，行业利润有所提高。但与此同时，投资减少、就业减少。行业仍然在困境中前行。为了促进石油行业的健康高效发展，提出以下政策建议。

1. 制定综合发展战略

石油天然气行业不仅与国民经济各部门的发展休戚相关，而且内在联系也非常强。因此，在对国内外资源和需求变化进行科学预测的基础上，制定长期、系统的行业发展战略和政策措施，不仅对行业发展非常必要，而且还将促进整个能源产业的发展，对国家能源安全保障和能源可持续供应都有着重要的意义。

石油消费面临气候变化与技术革命双重挑战，未来石油将从燃料

---

① 《2017 年油气行业十大趋势》，2016 年 12 月 8 日，http：//news.cnpc.com.cn/system/2016/12/08/001624608.shtml。

为主逐渐过渡到材料为主。制定综合发展战略，是确保石油行业健康发展的基本保障。

2. 加快产业结构调整，大力推进创新驱动和绿色发展

我国石油工业节能与绿色发展的任务艰巨。第一，能源消耗总量巨大，完成能效指标压力很大。与"十二五"相比，未来五年行业传统节能技改空间将进一步收窄，节能边际效应将逐步降低，推进行业节能需要更先进的技术、装备以及能源管理。第二，节水形势严峻，废水处理面临较大困难。石油行业是用水大户，排放的废水比较难治理。比如，现代煤化工、精细化工品等行业的高浓度难降解有机废水、高浓度含盐废水，减少排放和无害化处置技术要求很高，治理难度加大，成为行业发展必须重点攻克的难题之一。第三，石化企业将面临更大的碳减排和成本压力。2017 年全国碳排放权交易将全面实施，石油行业将被纳入全国碳排放权交易市场第一阶段，并且国家颁布新《环境保护法》、"气十条"、"水十条"、"土十条"等法律法规，石油企业将面临更严格的环保法律法规约束，所面临的节能减排环保的压力也越来越大。因此，深入贯彻绿色发展理念，加快调整结构步伐，加大技术创新力度，提高能源利用水平，加快形成节能节水、高效低碳的绿色发展方式是石油行业持久、稳定发展的必经之路。

3. 资源整合重组，提高效益

随着中国经济进入新常态，油气需求增速下滑，油气资源劣质化明显，勘探开发难度加大，炼油产能过剩结构性矛盾突出，成品油市场供过于求，油气企业效益大幅下降。我国整个油气行业面临着十分严峻的发展形势，整个行业将出现更频繁的整合重组。

（1）对外，石油企业应抓住机遇，以提高公司价值为目的，向成本较低的地区和国家拓展，加快国际化经营步伐。

（2）对内，应根据我国石油行业内部的经营与生产实际情况，适当考虑重组整合部分企业，力求达到减少管理成本的目的。特别是在当前低油价的情况下，要加快老油田转型，增强可持续发展能力。

4. 及时调整企业投资策略

勘探开发投资要兼顾近期与远期、局部和整体的综合效益。从目前形势来看，石油企业应当优化投资方向，选好投资项目，提高投资回报率。要着力于投资风险小、条件好和即使在低油价下仍然能确保盈利的项目，压缩效益较差的业务，对特低品位油藏和高开发成本区块强化投入产出分析和管理。对于在低油价条件下已无经济价值的油气勘探、开发和老油田的技术改造项目（含提高采收率项目）应谨慎投资。此外，企业应强化投资绩效考核，加强事中事后监管。在推进"放权"的同时，"监管"也要跟上，切实做到放管结合，配套建立投资绩效评价考核指标体系和投资责任追溯制度。

执笔人：胡安俊

中经产业景气指数 2016 年电力行业年度分析

一、2016 年电力行业运行情况①

（一）2016 年电力行业景气状况

1. 景气指数波动下行

2016 年，中经电力产业景气指数②整体呈现下行趋势。2016 年第一季度，中经电力产业景气指数为 98.1③（2003 年增长水平为 100④），较上一季度下降 0.7 点；第二季度和第三季度，有所回升，

---

① 本部分数据主要来自中经产业指数 2016 年第一至第四季度报告。

② 中经电力产业包括电力生产和电力供应两个行业。

③ 根据景气预警指数体系运算方法，行业景气指数、行业预警指数及预警灯号的构成指标要经过季节调整，剔除季节因素对数据的影响，在对包含当期数据的时间序列进行季节调整时历史数据的季节调整结果也将发生变化，因此行业景气指数、预警指数及预警灯号发布当期数据时，前期数据也会进行调整。

④ 2003 年中经电力产业的预警灯号基本上在绿灯区，相对平稳，因此定为中经电力产业景气指数的基年。

中经电力产业景气指数均为 98.6，分别比 2015 年同期提高 0.2 和 0.05 点；第四季度则继续下行，中经电力产业景气指数为 98.2，不仅比第三季度下降 0.4 点，而且比 2015 年同期下降 0.5 点，为 2010 年以来的最低水平。同时，也应该指出，电力行业波动范围相对较小。

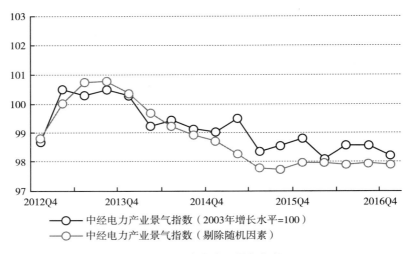

图 1　中经电力产业景气指数

如果进一步剔除随机因素①，中经电力产业景气指数则表现为温和上升的走势，2016 年四个季度均为 97.9，比 2015 年第四季度提高 0.2 点。另外，剔除随机因素的指数仍低于未剔除随机因素的指数，但两者之间的"剪刀差"有缩小趋势，表明宏观政策对电力行业发展发挥了积极作用，同时电力行业内生增长力基本稳定。

2. 预警指数下降明显

与景气指数相比，2016 年中经电力产业预警指数下降趋势更为明显，由 2015 年第四季度的正常的"绿灯区"重新回落至偏冷的

---

① 随机因素亦称不规则性，如新政策实施、宏观调控、自然灾害等因素对数据的影响。

中
经
产
业
景
气
指
数
2016
年
电
力
行
业
年
度
分
析

"浅蓝灯区"。2016 年四个季度，中经电力产业预警指数分别为 75、79.2、75 和 66.7，从第二季度开始持续下降，最大降幅达到 12.5 点，与 2015 年同期相比分别下降 8.3、-8.4、4.2 和 16.6，除第一季度之外，均明显下降，特别是第四季度降幅达到 16.6，已经接近"浅蓝灯区"的下临界线。

指标名称	2014 年				2015 年				2016 年			
	1	2	3	4	1	2	3	4	1	2	3	4
发电量	蓝	蓝	蓝	蓝	蓝	蓝	蓝	蓝	蓝	蓝	蓝	蓝
电力行业利润总额	绿	绿	绿	绿	绿	绿	绿	蓝	蓝	蓝	蓝	蓝
电力行业主营业务收入	蓝	蓝	蓝	蓝	蓝	蓝	蓝	蓝	蓝	蓝	蓝	蓝
电力行业主营业务利润率	黄	黄	黄	黄	红	红	红	红	红	红	黄	绿
电力行业从业人数	黄	黄	绿	绿	绿	绿	绿	绿	绿	绿	绿	绿
电力行业固定资产投资总额	蓝	蓝	蓝	蓝	蓝	蓝	蓝	蓝	蓝	绿	绿	绿
电力出厂价格指数	蓝	蓝	蓝	蓝	蓝	蓝	蓝	蓝	蓝	蓝	蓝	蓝
电力行业应收账款（逆转）	蓝	绿	绿	绿	黄	绿	绿	绿	绿	绿	绿	绿
预警指数	蓝	蓝	蓝	蓝	绿	蓝	绿	绿	蓝	蓝	蓝	蓝
	67	75	71	71	83	71	79	83	75	79	75	67

图 2　中经电力产业预警指数各指标灯号

★灯号图说明：预警灯号图是采用交通信号灯的方式对描述行业发展状况的一些重要指标所处的状态进行划分：红灯表示过快（过热），黄灯表示偏快（偏热），绿灯表示正常稳定，浅蓝灯表示偏慢（偏冷），蓝灯表示过慢（过冷）；并对单个指标灯号赋予不同的分值，将其汇总而成的综合预警指数也同样由五个灯区显示，意义同上。

在构成中经电力产业预警指数的八个指标（仅剔除季节因素①，保留随机因素）中，发电量、主营业务收入和电力出厂价格指数均

---

① 季节因素是指四季更迭对数据的影响，如冷饮的市场销量随四季气温年复一年发生周期变动。

延续 2014 年以来的过冷的"蓝灯";从业人数继续保持 2015 年中期以来的正常的"绿灯";固定资产投资除第一季度有所波动外,也维持在正常的"绿灯"状态;应收账款(逆转①)在连续六个季度"绿灯"之后,2016 年第四季度出现偏冷状况;2016 年电力行业利润总额则由 2014 年和 2015 年连续"绿灯"全面转变为偏冷的"浅蓝灯"。与此同时,电力行业利润率也由 2015 过热的"红灯"逐步回落到 2016 年第四季度正常的"绿灯"状态。

(二)2016 年电力行业生产经营状况

1. 发电量同比增速持续上升

2016 年,电力行业生产状况有所恢复,发电量扭转 2013 年以来增速持续下降的局面,各季度均实行正增长。经初步季节调整②,2016 年四个季度发电量分别为 1.2、1.3、1.6 和 1.4 万亿千瓦时,分别同比增长 0.3%、1.28%、6.0%和 7.5%,增速分别比 2015 年同期提高-1.6、2.1、5.1 和 8.3 个百分点。其中,第一季度发电量增速虽然比 2015 年同期有所下降,但改变 2015 年第四季度下降的趋势,而 2016 年第四季度发电量增速创近三年来的新高。在发电量增速恢复的同时,电力结构优化步伐加快。数据显示,2016 年 1~11 月全国规模以上太阳能发电量同比增长 32.7%;核电发电量同比增长 23.5%;风电发电量同比增长 17.9%;水电发电量同比增长 6.4%;火电发电量同比增长 2.2%。火电发电占全部发电量比重为 73.9%,比 2015 年同期下降 1.5 个百分点。

---

① 逆转指标也称反向指标,其指标值越低,行业状况越好;反之亦然。

② 初步季节调整指原始数据仅剔除春节等节假日因素的影响,未剔除不规则因素的影响。

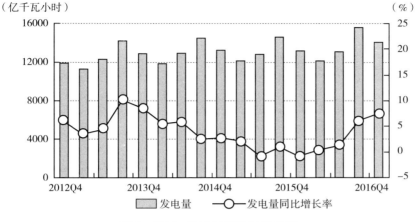

图3 2012~2016年发电量及增速

2. 生产者出厂价格跌幅加大

受相关政策的影响，2016年电力行业价格下降幅度进一步加大。经初步季节调整，2016年第一季度，电力工业品生产者出厂价格指数（2015年同期＝100）为96.3，电力出厂价格总水平同比下降3.7%，跌幅比2015年第四季度扩大1.9个百分点，为2012年以来单季最大跌幅；第二季度和第三季度电力出厂价格跌幅有所收窄，电力工业品生产者出厂价格指数分别为97和97.4，电力出厂价格总水

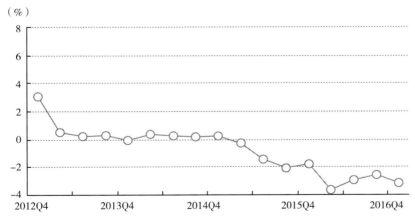

图4 2012~2016年电力行业生产者出厂价格同比变化

平分别同比下降 0.3% 和 0.26%，但降幅仍比 2015 年同期高 1.6 和 0.5 个百分点；第四季度电力工业品生产者出厂价格指数为 96.8，电力出厂价格总水平分别同比下降 3.2%，跌幅进一步扩大，比上一季度扩大 0.6 个百分点，比 2015 年同期扩大 1.4 个百分点。

3. 主营业务收入止跌回升

2016 年，电力行业主营业务收入迅速回升。经初步季节调整，2016 年第一季度电力行业主营业务收入延续 2015 年以来的负增长，而且降幅继续扩大，同比下降 4.6%，比上一季度提高 2.7 个百分点；第二季度电力行业主营业务收入开始恢复，虽然主营业收入仍处于下降，但降幅明显收窄，同比下降 0.8%，比第一季度减少 3.8 个百分点；2016 年下半年电力行业营业收入扭转了连续五个季度同比下降的趋势，实现了正增长，而且增速继续上升，第三季度和第四季度分别同比增长 2.7% 和 3.4%，第四季度增速已经接近 2015 年初水平。同时，主营业收入回升是在价格下跌的背景下实现的，且电力出厂价格总水平同比跌幅略有扩大，剔除价格后电力行业主营业务收入同比增速上升势头更为明显。这从侧面也反映出，电力需求有所上升。

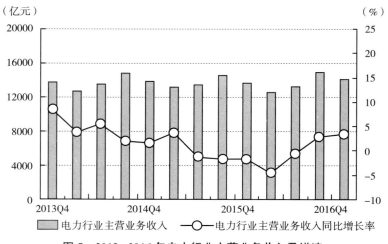

图 5   2013~2016 年电力行业主营业务收入及增速

4. 利润总额出现大幅下降

在主营业务收入回升的同时，2016 电力行业利润总额却出现了下降，而且降幅不断加大。经初步季节调整，2016 年第一季度电力行业实现利润总额 1149 亿元，仅同比增长 0.4，增速比 2015 年同期下降 30.3 个百分点；从第二季度开始，电力行业利润出现 2012 年以来的首次同比下降，而且降幅不断扩大，第二至第四季度电力行业利润总额分别为 1210、1281 和 726 亿元，同比下降 0.4%、9.2% 和 37.3%，第四季度下降相当突出。尽管 2016 年下半年电力行业收入快速回升，但电煤价格快速回升和电力出厂价格总水平继续下跌成为电力行业利润下降大大压缩了行业利润空间，成为利润下降的主要原因。截至 2016 年 12 月末，秦皇岛港 5500 大卡动力煤周平均价格为每吨 595 元，比年初上涨 225 元，涨幅为 60.8%。

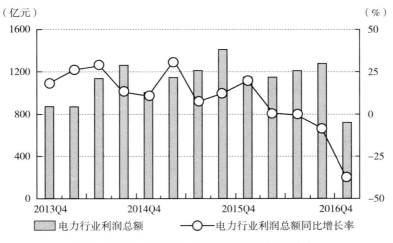

图 6　2013~2016 年电力行业利润总额及增速

受主营业务收入回升和利润总额大幅下降的双重影响，电力行业利润率出现大幅下跌。经初步季节调整，2016 年第一季度和第二季度，电力行业销售利润率均为 9.1%，比 2015 年第四季度提高 0.7 个

73

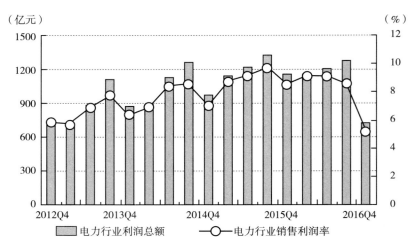

图7 2012~2016 年电力行业利润总额和利润率对比

百分点；2016 年下半年，收入增长和利润下降的综合效应显现，第三季度和第四季度电力行业销售利润率分别为 8.6% 和 5.1%，同比下降 1.1 和 3.3 个百分点，第四季销售利润率创 2013 年以来最低水平。

5. 应收账款增速快速上升

2016 年，电力行业应收账款增速明显提高。经初步季节调整，2016 年四个季度截至季度末电力行业应收账款分别为 2671.3、3272.4、3711.3 和 3382.7 亿元，同比增长 6%、9.2%、9.1%、11.8%，虽然中期略有调整，但整体快速上升，增幅分别比上年同期提高 7.5、5.0、6.8 和 8.1 个百分点。同时，应收账款增速明显高于主营业务收入，2016 年四个季度应收账款与主营业务收入增长率"剪刀差"分别为 10.6、10.0、6.4 和 8.4 个百分点，尽管有所下降，但整体上远高于 2014 年和 2015 年，企业资金状况不容乐观。

此外，2016 年电力行业应收账款平均周转天数①有所增加。经

---

① 应收账款周转天数表示应收账款从发生到收回（即周转一次）的平均天数。一般来说，应收账款周转天数越短，则资金利用效率越高；反之则越低。计算公式为：90／（季度销售收入／平均应收账款）。

初步季节调整，2016 年四个季度电力行业应收账款平均周转天数分别为 17.2 天、20.2 天、21.0 天和 20.0 天，尽管第四季度有所下降，但明显高于 2015 年的总体水平，分别比 2015 年同期提高-0.9 天、1.1 天、0.8 天和 1.1 天。

（%）

图 8　2012~2016 年电力行业应收账款和主营业务收入增速对比

6. 固定资产投资增速出现较大波动

2016 年，电力行业固定资产投资呈现先增后降。经初步季节调整，2016 年第一季度，电力行业固定资产投资 1148 亿元，同比增长 4.2%，增速较上一季度下降 13.5 个百分点，而第二季度则大幅反弹，电力行业固定资产投资为 1176 亿元，同比增长 24.5%，增幅比第一季度提高 20.3 个百分点，创 2012 年以来的最大单季增速；从第三季度开始，电力行业固定资产增速连续下降，第三季度电力行业实现固定资产投资 2175 亿元，同比增长 7.4%，增速比上一季度大幅下挫 17.1 个百分点，第四季度电力行业实现固定资产投资 2741 亿元，在连续五个季度同比上涨后再次下降，同比下降 0.2%。发电设备利用小时数持续下降，相关部门对电源项目建设审批加强管理，对电力行业投资造成一定影响。

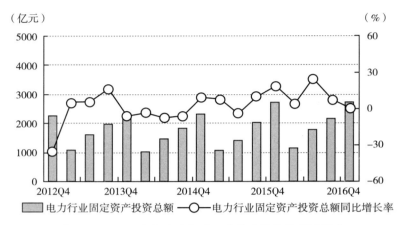

图9　2012~2016年电力行业固定资产投资总额及增速

7. 行业从业人数由降转增

经初步季节调整，2016年前三季度电力行业从业人数分别为246.6万人、251.8万人和252.7万人，延续2015年二季度同比下降的趋势，分别同比下降0.5%、0.6%和0.3%，同时下降幅度有所减少，降幅分别比上年同期减少-0.8、0.5和0.4个百分点；第四季度电力行业从业人员达到255.5万人，在连续六个季度同比下降之后首次实现正增长，比2015年同期增长0.2%，是全部工业中为数不多的用工规模扩大的行业之一。整体来看，电力行业从业人数虽略有波动，但波动幅度相对较小，用工状况趋于稳定。

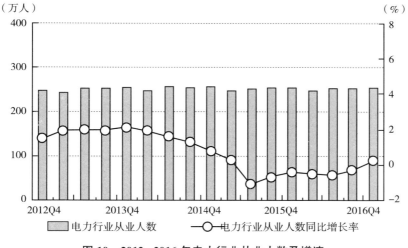

（万人）   （%）

图 10　2012~2016 年电力行业从业人数及增速

二、2016 年电力行业运行分析

（一）电力行业总体运行情况

总体上看，2016 年电力行业运行形势较为严峻，面临困难和挑战增多。尽管随着经济缓中趋稳、稳中向好，电力需求明显好转，发电量增速持续回升，电力结构继续优化，在生产状况改善的带动下电力行业主营业务收入也止跌回升，但在电力价格下调和以煤电为代表原材料价格大幅上涨的双重挤压下，电力行业经济效益持续恶化，利润总额大幅下跌，企业利润率创近年来的新低，企业经营状况不容乐观。与此同时，电力行业投资增速呈现下降趋势。

2016 年，调整升级依然是电力行业发展的主题。中经电力产业预警指数继续在偏冷的"浅蓝灯区"运行，而且逐步接近"浅蓝灯区"的下临界线。电力生产和主营业务收入虽然有所好转，但仍表现为过冷的"蓝灯",电力出厂价格指数继续徘徊在过冷的"蓝灯区",而电力行业利润总额也由正常的"绿灯区"进入偏冷的"浅蓝灯区",对电力行业发展造成了新的压力。2016 年,短期因素和长期因素相互交织使电力行业经营面临挑战,加强机制建设,促进产业升级是应对挑战的根本途径。

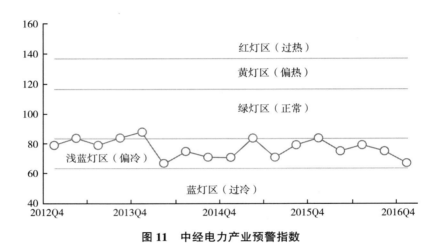

图 11　中经电力产业预警指数

（二）运行特点及原因分析

电力是能源资源和经济社会生活联系的主要纽带,是关系到国计民生的基础性行业,电力行业健康发展直接关系到国民经济和社会生活的平稳运行。近年来,电力行业保持了较快发展,取得显著成效,但结构矛盾和体制机制问题依然突出。2016 年,在多种因素共同作用下,电力行业发展形势日趋严峻。

1. 电力需求形势明显好转

"十三五"我国经济开局良好,2016 年国民经济稳中向好,国内生产总值同比增长 6.7%,规模以上工业增加值同比增长 6.0%,

企业经济效益显著提升，生产积极性有所提高。在这种背景下，电力需求增速回升。根据中电联的相关数据显示，2016 年，全国全社会用电量为 59198 亿千瓦时，同比增长 5.0%，增速比 2015 年同期提高 4.0 个百分点。其中，第一产业用电量为 1075 亿千瓦时，同比增长 5.3%，增速比 2015 年提高 2.8 个百分点；第二产业用电量为 42108 亿千瓦时，同比增长 2.9%，增速比 2015 年提高 3.7 个百分点；第三产业用电量为 7961 亿千瓦时，同比增长 11.2%，增速比 2015 年提高 3.8 个百分点；城乡居民生活用电量为 8054 亿千瓦时，同比增长 10.8%，增速比 2015 年提高 5.8 个百分点。相比较而言，第二产业，特别是工业用电量的恢复对电力需求增长发挥了重要作用。2016 年，第二产业对全社会用电量增长的贡献率达到 42.0%，其中，工业用电量为 41383 亿千瓦时，同比增长 2.9%，增速比 2015 年同期提高 3.6 个百分点，对全社会用电量增长的贡献率为 41.3%。此外，第三产业和生活用电持续增加也是用电需求状况改善的重要原因，对全社会用电量增长的贡献率分别达到 28.3% 和 27.8%。

2. 电力结构进一步优化

在规模扩大的同时，煤电领域去产能步伐加快。2016 年 3 月，国家发展改革委和能源局发布了《关于促进我国煤电有序发展的通知》，要求严控总量规模、加大淘汰落后产能力度；4 月，国家发展改革委和能源局发布了《关于进一步做好煤电行业淘汰落后产能的通知》，进一步明确了落后产能淘汰标准，对淘汰工作提出严格要求；2016 年 9 月，国家能源局发布了《关于取消一批不具备核准建设条件煤电项目的通知》，取消 15 项、1240 万千瓦不具备核准建设条件的煤电项目。在相关政策的带动下，2016 年电力行业结构调整继续推进。

在电源结构中，非化石能源比重继续上升。2016 年，发电装机容量为 16.5 亿千瓦，同比增长 8.2%。其中，火电装机容量 10.5 亿千瓦，同比增长 5.3%，占全部装机容量的比重为 64.0%，比 2015 年下降 1.7 个百分点；水电装机容量 3.3 亿千瓦，同比增长 3.9%，占全部装机容量的比重为 20.2%，比 2015 年下降 0.8 个百分点；核电装机容量 0.3 亿千瓦，同比增长 23.8%，占全部装机容量的 2.0%，比 2015 年提高 0.3 个百分点；风电装机容量 1.5 亿千瓦，同比增长 13.2%，占全部装机容量的 8.6%，比 2015 年提高 0.4 个百分点；太阳能发电装机容量 0.8 亿千瓦，同比增长 81.6%，占全部装机容量的 4.7%，比 2015 年提高 1.9 个百分点。2016 年，全国发电量 59897 亿千瓦时，同比增长 5.2%。其中，水电、核电、风电和太阳能发电的占比分别为 19.7%、3.6%、4.0% 和 1.1%，分别比 2015 年提高 0.2、0.6、0.8 和 0.4 个百分点。

就电力消费结构而言，虽然第二产业依然占据绝对优势，但第三产业和居民生活用能的比重继续提高。2016 年，第二产业占全社会用电量的比重为 71.1%，其中工业占全社会用电量的比重为 69.9%，均比 2015 年下降 1.5 个百分点，制造业中的四大高耗能行业用电量合计同比零增长；第三产业和城乡居民生活用能比重分别为 13.5% 和 13.6%，分别比 2015 年提高 0.8 和 0.7 个百分点；相对而言，第一产业用能比重较为平稳，继续保持在 1.8%。

3. 企业利润水平大幅下降

随着需求的增加，电力行业生产和收入有所恢复。2016 年，规模以上电力、热力生产和供应业增加值同比增加 4.8%，主营业务收入同比增长 1.1%。但同时，受产品和原材料价格调整的影响，电力行业经济效益出现较大幅度下降，2016 年利润总额同比下降 17.5%。

一方面，电力行业在"降成本"中发挥了重要作用，电力价格有所下降。2015年底，国家发展改革委发布《关于降低燃煤发电上网电价和一般工商业用电价格的通知》，自2016年1月1日起，全国燃煤发电上网电价平均每千瓦时下调约3分钱，一般工商业销售电价平均每千瓦时下调约3分钱，减轻中小微企业负担；2016年6月，进一步部署相关省份下调工商业用电价格涉及金额近170亿元，降价省份中一般工商业电价平均降低每千瓦时1.05分钱，大工业电价平均降低1.1分钱。同时，电力体制改革，特别是电力直接交易的推进也对电力价格造成一定的影响。2016年，电力、热力生产和供应业生产者出厂价格指数同比下降3.1%。

另一方面，煤炭行业价格快速回升，压缩了电力行业利润空间。随着去产能的深入，煤炭产量不断下降，2016年我国原煤产量为33.6亿吨，同比下降9.4%。在煤炭产量下降的同时，电煤价格逐渐上升。根据国家发改委价格监测中心中国电煤价格指数，从2016年6月开始电煤价格指数开始环比上升，从8月开始，电煤价格指数开始同比上升，2016年12月电煤价格指数同比涨幅达到了66.6%。由于火电依然是电力行业主体，煤电价格回调了行业利润。同时需要说明的是，2016年规模以上电力、热力生产和供应业利润率为7.2%，在工业行业中仍处于较高水平，比全部规模以上工业利润率高1.2个百分点。

表1　2016年中国电煤价格指数

	本期（元/吨）	环比（%）	同比（%）
2016年1月	326.7	−0.74	−22.79
2016年2月	318.4	−2.54	−22.78
2016年3月	322.8	1.38	−19.88
2016年4月	317.2	−1.72	−17.20
2016年5月	315.0	−0.69	−13.12

	本期（元/吨）	环比（%）	同比（%）
2016 年 6 月	321.0	1.90	−10.12
2016 年 7 月	340.7	6.14	−2.12
2016 年 8 月	369.7	8.52	8.49
2016 年 9 月	414.1	11.99	22.71
2016 年 10 月	469.0	13.27	42.07
2016 年 11 月	521.7	11.23	59.62
2016 年 12 月	534.9	2.54	62.55

4. 电力行业投资有所波动

2016 年，全国电力工程建设完成投资 8855 亿元，同比增长 3.3%，增幅比 2015 年下降 6.6 个百分点。电源投资出现了全面下跌，成为电力行业投资增速下降的主要原因。2016 年，电源工程完成投资 3429 亿元，同比下降 12.9%，基建新增装机容量 1.2 亿千瓦，同比下降 8.5%。其中，水电投资 612 亿元，同比下降 22.4%，基建新增水电容量 1174 万千瓦，同比下降 14.6%；火电投资 1174 亿元，同比增长 0.9%，增速比 2015 年下降 0.7 个百分点，基建新增火电装机容量 4836 亿千瓦，同比下降 27.6%；核电投资 506 亿元，同比下降 10.5%，基建新增核电装机容量 720 万千瓦，同比增长 17.7%；风电投资 896 亿元，同比下降 25.3%，基建新增风电装机容量 1873 万瓦，同比下降 40.3%。与此同时，在电网改造推动下，电网投资保持了较快增速。2016 年，电网工程建设完成投资 5426 亿元，同比增长 16.9%，增速比 2015 年提高 4.3 个百分点。

5. 电力体制改革继续深化

体制问题是制约电力行业发展的重要因素，加快体制机制改革是电力行业发展的核心内容。2015 年 3 月中共中央印发的《中共中央、国务院关于进一步深化电力体制改革的若干意见》提出建立"有法可依、政企分开、主体规范、交易公平、价格合理、监管有效"的电力市场体制，成为电力体制改革的纲领性文件。2015年11月，国家发展改革委和国家能源局一次推出《关于推进输配电价改革的实施意见》、《关于推进电力市场建设的实施意见》、《关于电力交易机构组建和规范运行的实施意见》、《关于有序放开发用电计划的实施意见》、《关于推进售电侧改革的实施意见》、《关于加强和规范燃煤自备电厂监督管理的指导意见》六项电力体制改革配套文件，全面推动电力体制改革的实施。

输配电价改革稳步推进。2016年3月，国家发展改革委印发通知，扩大输配电价改革试点范围；9月发布的《国家发展改革委关于全面推进输配电价改革试点有关事项的通知》，启动了剩余14个省级电网的输配电价改革，提前一年基本实现省级电网全覆盖；12月，《省级电网输配电价定价办法（试行）》发布，输配电价改革向制度化迈进。

因地制宜推进煤电联营。2016年4月，国家发展改革委为印发《关于发展煤电联营的指导意见》，提出了"重点推广坑口煤电一体化"、"在中东部优化推进煤电联营"、"科学推进存量煤电联营"、"继续发展低热值煤发电一体化"、"建立煤电长期战略合作机制"五个重点发展方向。

电力直接交易快速发展，积极作用逐步显现。国家发改委相关数据显示，2016年全国电力直接交易将达到7000亿千瓦时左右，比2015年增加2700亿千瓦时，每千瓦时平均降低6.4分钱，共减轻企业用电成本约450亿元。

三、行业前瞻与对策建议

（一）电力行业景气和预警指数预测

2017 年，中国经济将有望继续保持平稳走势，同时电煤价格回升的影响逐步释放，体制改革的效果逐步实现，电力行业经营状况趋于好转。2016 年第四季度，电力行业企业景气调查结果显示，电力行业企业家对 2017 年第一季度企业经营状况预测的预期指数为 119.2，比对四季度企业经营状况判断的即期指数低 4.8 点，但比第四季度的预期指数高 1.2 点。分指标来看，在接受调查的企业中，订货量增加或持平的企业比重达到 87.8％，比上季度上升 4.9 个百分点；用工需求增加或持平的企业比重达到 95.5%，比上季度上升 1.4 个百分点；投资增加或持平的企业占比为 86.1%，比上季度下降 2.0 个百分点。

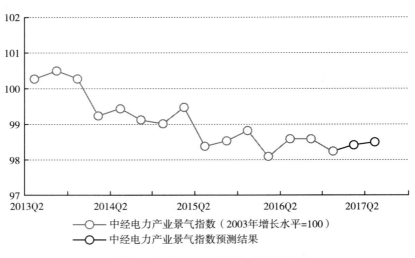

图 12　中经电力产业景气指数预测

经模型测算，2017 年第一季度和第二季度中经电力产业景气指数分别为 98.4 和 98.5，有望实现平稳回升；预警指数也将有所回升，两个季度均为 75.0，明显高于 2015 年第四季度。

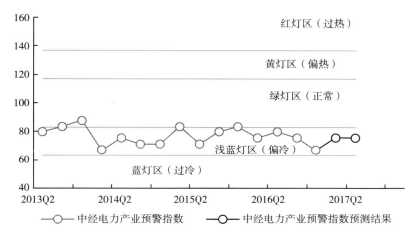

图13　中经电力产业预警指数

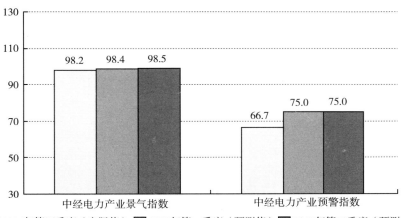

图14　中经电力产业景气和预警指数预测

（二）2017 年行业前景展望

目前，我国经济仍处于转型期，经济发展面临的矛盾和问题依然突出，外部环境不稳定因素增多，但是，随着供给侧结构性改革深入，经济发展的积极因素正在聚集，创新能力不断提升，在以稳中求进为总基调的宏观经济政策的推动下经济发展将进一步趋于稳定。根据中国社会科学院经济学部印发的蓝皮书《2017 年中国经济形势分析与预测》，2017 年我国国内生产总值增速将达到 6.5%，继续保持中高速增长水平。在宏观经济稳定的背景下，电力需求将继续保持平稳。与此同时，虽然电力价格还存在下调的可能，但煤炭价格上涨的冲击已经逐步释放，煤炭价格持续上涨的动力不足，电力企业经济效益有望好转。总体上看，电力行业还处于调整升级阶段，问题和矛盾还相当突出，火电份额偏高和"弃风"、"弃光"现象并存，电力市场建设任务艰巨。充分利用供需宽松、发展平稳的时机，加快技术创新和体制改革，突破发展瓶颈，促进转型升级是未来一段时期电力行业发展的核心任务。

（三）行业发展对策建议

近期，《电力发展"十三五"规划》发布，"十三五"时期将"着力调整电力结构，着力优化电源布局，着力升级配电网，着力增强系统调节能力，着力提高电力系统效率，着力推进体制改革和机制创新"。2017 年是实施"十三五"规划的重要一年，应着力突破行业发展瓶颈。

深化供给侧结构性改革。在现有基础上，进一步推进电力行业供给侧结构性改革，以结构调整为主线，切实做好煤电行业淘汰落后产能工作，加大惩罚力度，严格执行淘汰标准，避免因需求回暖落后产能"卷土重来"。积极推进税费改革，加强管理创新，简化审批手续和流程，增强企业自主权，降低企业的行政成本，释放企业活力。以电力体制改革为契机，减少行业垄断性，促进电力行业市场建设，完善电力价格机制，在降低实体经济成本中发挥更大作用。

全面推进电力体制改革。随着改革逐渐深入，改革的难度明显加大，面临的形势更为严峻。现阶段，要坚决贯彻落实《中共中央国务院关于进一步深化电力体制改革的若干意见》，按照"管住中间、放开两头"的总体思路，深化输配电价改革，突破电力体制改革的核心环节，加快放开竞争性环节电力价格，积极推进电力直接交易，进一步理顺电力行业各环节之间的关系，逐步打破行政性垄断，充分发挥市场机制在电力交易中的作用，推进配售电业务向社会资本放开，增强电力行业发展活力。同时，在试点示范的基础上注重相关制度的建设和完善，推动电力体制改革的制度化和规范化，充分发挥电力体制改革的综合效应。

推动智能电网的建设。充分认识智能电网在未来电力发展和能源系统中的作用，针对电网的薄弱环节，根据未来电力系统发展趋势，推进配电网的升级改造，加强电网与现代信息技术、物联网技术、计算科学的结合，大力提升电力系统的智能化水平，增强新能源的消纳能力。健全分布式能源发展机制，完善技术标准体系，鼓励模式创新，推动现代能源体系建设。继续加大技术创新力度，重点突破智能电网、能源互联网、储能等领域的关键技术，加强相关领域核心设备的研制，推动智能电网与发电、输配电、储能、负载结合，为构建现代能源体系奠定基础。

执笔人：吴滨　谢慧

中经产业景气指数 2016 年钢铁行业
年度分析

一、钢铁行业 2016 年运行状况[1]

（一）钢铁行业[2]景气状况

1. 景气指数持续上升

在供给侧改革的推动下，2016 年钢铁产业提前超额完成 4500 万吨的去产能任务，钢铁产业供给需求格局逐步改善，中经钢铁产业景气指数[3]逐步上升，第一季度、第二季度、第三季度、第四季度的景

---

① 本部分数据分析主要基于中经产业景气指数 2016 年第一至第四季度报告。

② 钢铁产业是指国民经济行业分类中的黑色金属冶炼及压延加工业。本研究统计范围是行业内规模以上工业企业近 6400 家。

③ 根据景气预警指数体系运算方法，产业景气指数、产业预警指数的构成指标要经过季节调整，剔除季节因素对数据的影响，因此产业景气指数、预警指数发布当期数据时，前期数据也会进行调整。

气指数（2003年增长水平=100[①]）分别为94.5、95.8、96.4、96.5。与2015年相比，2016年中经钢铁产业景气指数不断回升。

在构成中经钢铁产业景气指数的指标中（仅剔除季节因素[②]，保留随机因素[③]），利润总额、主营业务收入、固定资产投资总额均有所改善。进一步剔除随机因素后，中经钢铁产业景气指数由第一季度的92.8，上升到第四季度的95.2（见图1中的蓝色曲线），比未剔除随机因素的景气指数（见图1中的红色曲线）低。

图1　中经钢铁产业景气指数

2. 预警指数步入"绿灯区"

在供给侧改革和化解过剩产能的推动下，2016年中经钢铁产业预警指数不断上升，由第一季度的63.3上升到第四季度的90.0，大

---

①　2003年钢铁产业的预警灯号基本上在绿灯区，相对平稳，因此定为中经钢铁产业景气指数的基年。

②　季节因素是指四季更迭对数据的影响，如冷饮的市场销量随四季气温年复一年发生周期变动。

③　随机因素亦称不规则性，如新政策实施、宏观调控、自然灾害等因素对数据的影响。

幅上升 26.7 点。连续三个季度在"绿灯"区运行，钢铁行业运行呈持续上升走势。

图 2　中经钢铁产业预警指数

3. 预警灯号

2016 年预警灯号从"浅蓝灯"转变为"绿灯"。在构成中经钢铁产业预警指数的十个指标（仅剔除季节因素，保留随机因素）中，位于"红灯区"的有两个指标——钢铁产业生产者出厂价格指数和利润合成指数①；位于"黄灯区"的有一个指标——钢铁产业产成品资金（逆转②）；位于"绿灯区"的有两个指标——钢铁产业销售利润率、钢铁产业应收账款；位于"浅蓝灯区"的有两个指标——钢材出口额、钢铁行业从业人数；位于"蓝灯区"的有三个指标——粗钢产量、钢铁行业固定资产投资总额、钢铁行业主营业务收入。与 2015 年相比，蓝灯大幅减少，红灯、绿灯大幅增加，2016 年钢铁行

①　利润合成指数是指，当利润指标的历史数据出现了零或者负数时，需要对其用合成指数的方法进行标准化，方法与编制景气指数类似，也即是单指标的景气指数。

②　逆转指标也称反向指标，对行业运行状况呈反向作用。其指标量值越低、行业状况越好；反之亦然。

业盈利和就业状况已经改善。

指标名称	2014 年				2015 年				2016 年			
	1	2	3	4	1	2	3	4	1	2	3	4
粗钢产量	蓝	蓝	蓝	蓝	蓝	蓝	蓝	蓝	蓝	蓝	蓝	蓝
钢铁产业固定资产投资	蓝	蓝	蓝	蓝	蓝	蓝	蓝	蓝	蓝	蓝	蓝	蓝
钢铁产业生产者出厂价格指数	绿	绿	绿	绿	蓝	蓝	蓝	蓝	蓝	绿	绿	红
钢材出口额	绿	绿	绿	绿	绿	蓝	蓝	蓝	蓝	蓝	蓝	蓝
钢铁产业主营业务收入	蓝	蓝	蓝	蓝	蓝	蓝	蓝	蓝	蓝	蓝	蓝	蓝
钢铁产业销售利润率	绿	绿	绿	绿	绿	绿	蓝	蓝	绿	绿	绿	绿
钢铁产业利润合成指数	绿	绿	绿	绿	绿	绿	蓝	蓝	绿	黄	红	红
钢铁产业从业人数	绿	绿	绿	绿	绿	蓝	蓝	蓝	蓝	蓝	蓝	蓝
钢铁产业应收账款（逆转）	绿	绿	绿	绿	绿	绿	绿	绿	绿	绿	绿	绿
钢铁产业产成品资金（逆转）	绿	绿	绿	绿	黄	黄	黄	黄	红	红	红	黄
预警指数	绿	蓝	蓝	蓝	蓝	蓝	蓝	蓝	蓝	绿	绿	绿
	83	77	77	73	77	73	60	57	63	87	90	90

图 3　中经钢铁产业预警指数指标灯号

★灯号图说明：预警灯号图是采用交通信号灯的方式对描述行业发展状况的一些重要指标所处的状态进行划分：红灯表示过快（过热），黄灯表示偏快（偏热），绿灯表示正常稳定，浅蓝灯表示偏慢（偏冷），蓝灯表示过慢（过冷）；并对单个指标灯号赋予不同的分值，将其汇总而成的综合预警指数也同样由五个灯区显示，意义同上。

（二）钢铁行业生产经营与投资状况

1. 粗钢生产开始回升

2016 年全国粗钢产量达到 81344.9 万吨，比 2015 年有所增长。经初步季节调整①②，2016 年第一季度、第二季度、第三季度、第四季

---

① 初步季节调整指仅剔除春节等节日假日因素的影响，未剔除不规则要素的影响。

② 季度说明：本报告所有财务绩效数据第一季度是指 1~2 月数据（流量指标加上了近似上年 12 月的数据，并作了初步季节调整，仅剔除了春节因素的影响）；第二季度是指 3~5 月。其他宏观指标如产量、投资、外贸、价格指数，如无特别说明，季度划分同上所述。

度的产量分别为 24476.1 万吨、20861.0 万吨、20814.4 万吨和 20841.8
万吨。从产量增速看，2016 年四个季度的增长率分别为 –5.7%、
1.4%、3.9% 和 4.8%。受价格上涨刺激，粗钢生产呈现回升态势。

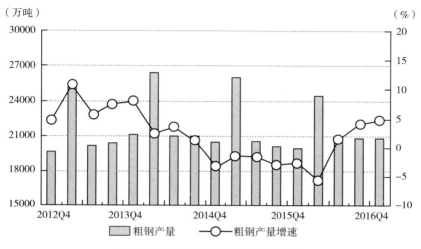

图 4　2012～2016 年粗钢产量及增速

2. 价格大幅上升

在去产能的推动下，钢材产业供给需求结构改善，价格大幅增
长。钢铁行业第一季度、第二季度、第三季度和第四季度的生产者出
厂价格同比变动分别为 –16.2%、1.7%、6.5% 和 22.2%。第四季度
价格指数进入"红灯区"。

3. 销售收入出现正增长

经季度调整，2016 年第一季度、第二季度、第三季度和第四季
度的销售收入分别为 1.5 万亿元、1.7 万亿元、1.6 万亿元和 1.7 万
亿元，分别同比增长 –13.2%、–4.3%、–0.2% 和 6.0%。第四季度
我国钢铁行业主营业务收入为 2014 年第三季度以来连续九个季度同
比下降后，首次出现同比正增长。

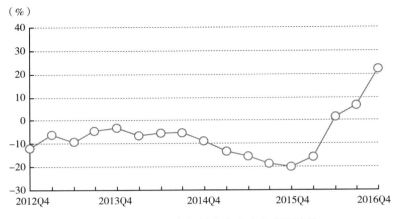

图 5　2012～2016 年钢铁产业生产者出厂价格

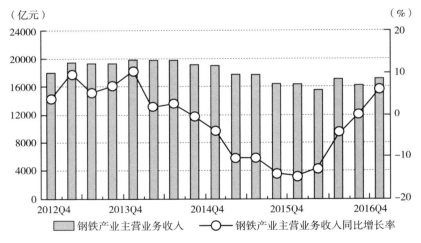

图 6　2012～2016 年钢铁产业主营业务收入及增速

4. 出口持续减少

经季度调整，2016 年第一季度、第二季度、第三季度和第四季度的出口分别为 142.2 亿美元、133.7 亿美元、154.5 亿美元和 131.6 亿美元，同比变化 -34.7%、-12.7%、-0.7% 和 -12.0%，出口持续减少。

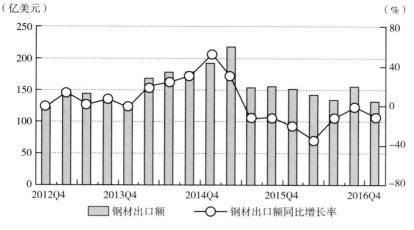

（亿美元）   （%）

图7　2012~2016 年钢材出口额及增速

钢材出口额　　　—○—钢材出口额同比增长率

5. 利润得以改善

经季度调整，2016 年第一季度、第二季度、第三季度和第四季度的利润总额分别为 37.5 亿元、533.6 亿元、456.2 亿元和 387.7 亿元，同比变化 −72.9%、110.0%、3733.6%和 551.6%，扭转了 2015 年全行业濒临破产的局面。利润同比大幅增长，一方面与上年同期基数偏低有关，另一方面受价格同比和环比快速上涨的影响。

从销售利润率看，2016 年第一季度、第二季度、第三季度和第四季度的钢铁行业销售利润率为 0.2%、3.1%、2.8%和 2.3%，仍处于低位水平。

6. 去库存过程延续

钢铁行业产成品库存继续下降。2016 年第一季度、第二季度、第三季度、第四季度的产成品资金分别为 2296.8 亿元、2452.6 亿元、2483.9 亿元和 2595.6 亿元，分别同比下降 18.3%、13.4%、13.1%和 6.7%，延续去库存态势。

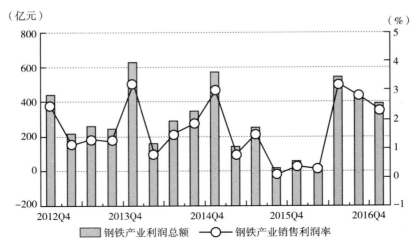

图 8　2012～2016 年钢铁产业利润总额及利润率

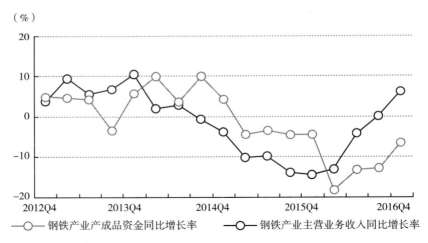

图 9　2012～2016 年钢铁产业产成品资金和主营业务收入增速对比

7. 运作资金仍然偏紧

2016 年第一季度、第二季度、第三季度和第四季度的应收账款①分别为 3112.7 亿元、3345.5 亿元、3470.8 亿元和 3643.5 亿元，同

---

①　应收账款周转天数表示在一个季度内，应收账款从发生到收回（即周转一次）的平均天数。一般来说，应收账款周转天数越短，则资金利用效率越高；反之则越低。计算公式为：90/（季度销售收入/平均应收账款）。

比增长 1.7%、4.1%、-1.1% 和 6%，产业资金总体仍延续偏紧态势。

从钢铁行业应收账款周转天数看，2016 年第一季度、第二季度、第三季度和第四季度分别为 19.2 天、17.1 天、18.8 天和 18.7 天，出现下降态势。

图 10　2012~2016 年钢铁产业应收账款和主营业务收入增速对比

8. 投资持续下降

钢铁行业产能过剩矛盾突出，在去产能任务驱动下，钢铁行业投资继续下降。2016 年第一季度、第二季度、第三季度和第四季度的投资总额为 496.0 亿元、1156.8 亿元、1264.0 亿元和 1134.8 亿元，同比变化 -5.8%、7.0%、-3.1% 和 -5.1%。尽管钢铁行业投资降幅较大，但面对产能过剩的严峻态势，一方面钢铁行业要化解庞大的存量产能，另一方面还需要进一步抑制钢铁行业的投资。

9. 从业人数持续下降

钢铁产业人数不断下降，2016 年四个季度平均的从业人数为 289.5 万人，而 2015 年四个季度的均值为 314.4 万人，下降 24.9

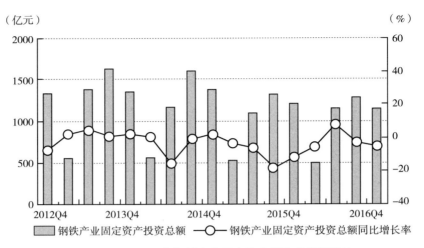

图 11　2012~2016 年钢铁产业固定资产投资总额及增速

万人。2016 年第四季度的从业人员数为 286.7 万人。从各个季度的同比增长率看，2016 年四个季度的变化分别为 −9.1%、−7.7%、−7.4% 和 −7.5%。为此，各级政府要谨防因为钢铁行业因为用工需求下降导致的社会不稳定因素。

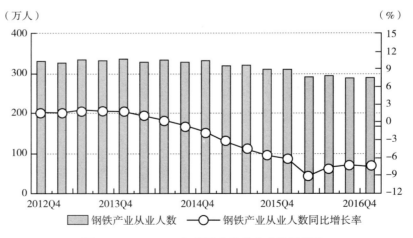

图 12　2012~2016 年钢铁产业从业人数及增速

二、钢铁产业 2016 年运行分析

（一）总体运行情况

在供给侧改革的推动下，2016 年钢铁产业提前超额完成 4500 万吨的去产能任务，钢铁产业供给需求格局逐步改善，中经钢铁产业景气指数逐步上升，第四季度的景气指数达到 96.5。预警指数不断上升，连续三个季度在"绿灯区"运行，钢铁产业运行呈持续上升走势。具体而言，受供给侧改革的压力，钢铁产业价格大幅上升、投资和就业持续下降、去库存过程延续、出口持续减少。在价格的推动下，销售收入出现正增长、利润得以改善、粗钢生产开始回升。但由于钢铁行业多年高速发展累积的问题和矛盾突出，产能过剩问题严重，利润仍处于低位，运作资金仍然偏紧。

（二）基本原因分析

2016 年钢铁产业，一方面呈现上升走势，另一方面受历史积累的问题和矛盾拖累，产能过剩问题严重，利润仍处于低位，运作资金仍然偏紧。出现这种现象的原因是：

1. 供给侧改革和去产能推动下，供给需求结构改善带来的价格上涨是全行业扭亏为盈的基本逻辑

2016 年 2 月国务院下发《关于钢铁行业化解过剩产能实现脱困发展的意见》，提出从 2016 年开始用五年时间压减粗钢产能 1 亿 ~ 1.5 亿吨[①]。在供给侧改革的推动下，宝钢、鞍钢、武钢、河钢、山

[①] 《国务院关于钢铁行业化解过剩产能实现脱困发展的意见》，2016 年 2 月 4 日，http://www.gov.cn/zhengce/content/2016-02/04/content_5039353.htm。

钢、马钢、包钢、天钢和永钢等一大批企业按照要求，积极主动关停过剩产能，提前完成去产能任务，为化解过剩产能工作的有效推进做出了积极贡献，2016 年钢铁产业提前超额完成 4500 万吨的去产能任务，钢铁产业供给需求格局得以改善。供给的下降带来价格的大幅上涨，其中，第四季度价格指数上涨 22.2%，进入"红灯区"。受价格的上涨，第二季度、第三季度和第四季度的产业利润同比增长110.0%、3733.6%和551.6%，扭转了 2015 年全行业严重亏损的局面。

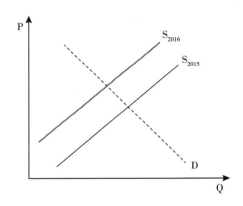

图 13　钢铁产业供需关系示意图

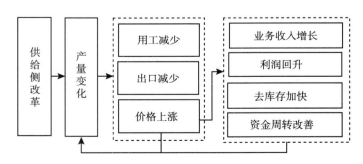

图 14　钢铁产业供给侧改革效应示意图

2. 降低成本、创新驱动，为提高企业效益奠定基础

降低成本为企业增效发挥重要作用。宝钢提出"一切成本皆可降"，提前完成全年降本增效 79.9 亿元的目标任务。河钢建立零库存管理物品清单，大力降低库存资金占用。鞍钢着力提升劳动生产率。酒钢按照"谁生产谁销售，谁使用谁采购"的原则，下放购销权限，落实主体责任，取得较好效果。另外，太钢、本钢、方大特钢、衢州元立等企业在炼钢生铁制造成本排序中进步都很大。

创新驱动，促进高端产品研发生产。马钢、太钢研发的时速 350 千米高速动车组轮、轴材料顺利完成 60 万千米运行考核，进入到正常生产订货阶段。首钢研制开发的高强度易焊接特厚钢板与配套焊材焊接技术实现了大型水电站压力钢管用钢新突破。宝钢等研制的大型轻量化液压支架，实现减重 14%，满足了液压支架向大采高、大阻力、轻量化发展要求。鞍钢打破国内双相不锈钢板宽幅极限，实现我国核电关键设备与材料国产化、自主化的重大突破，结束了该品种依赖进口的局面。太钢针对高强钢的稳定控制、载货车轻量化设计、车辆成型加工等问题开展研究，目前已完成原型车的设计制造，减重可达 15%。兴澄特钢采用连铸工艺生产出高质量曲轴、齿条、凸轮等汽车用钢产品；研发的 250 毫米厚度 EH36 钢板，成功应用于我国"海洋石油 162"首座移动式试采平台，一举打破国外垄断。龙凤山铸业在原有高纯生铁技术的基础上成功研发出应用于核电、风电、高速列车等高端铸件的超高纯生铁，为我国装备制造业提供更优质的原材料[1]。

3. 产能过剩问题严峻，利润仍处于低位，运作资金仍然偏紧

（1）需求疲软。从国内环境看，随着中国经济从高速增长转换

---

[1] 马国强：《认真做好化解过剩产能工作促进钢铁行业转型升级脱困发展》，2017 年 1 月 10 日，http：//www.chinaisa.org.cn/gxportal/DispatchAction.do? efFormEname = ECTM40&key = AmFZZl41AGFTMgA3VjEHZlQwVDRTN1VgAjdWYwRhDDgDEFoVChFZaQobAEdeSVU3。

到中高速增长，中国经济步入新常态，宏观经济下行压力较大，国内有效需求短期内难以持续提升。从国际环境看，受世界经济复苏步伐缓慢、全球贸易保护主义抬头等的影响，国际市场需求不足，我国钢铁产品出口承受较大压力。

（2）产能过剩依然严重。在去产能的推动下，我国钢铁产能不断下降。但是从供需角度看，2016年前11个月全国粗钢表观消费量6.5亿吨，生产量为7.4亿吨。产能过剩依然严重。同时，企业退出渠道不畅导致僵尸企业大幅增加。由于资产庞大、就业人员多、社会影响范围广，企业资产处置、债务处理困难，一次性关停难度大，退出渠道不畅，最终沦为僵尸企业，占用了大量社会资源，拖累整个行业转型升级。

三、行业前瞻与对策建议

（一）钢铁行业景气和预警指数预测

统计模型测算结果显示，2017年第一季度中经钢铁产业景气指数预计为96.5，预警指数为90。2017年第二季度中经钢铁产业景气指数预计为96.5，预警指数为90。这表明，钢铁行业景气持续温和回暖走势。

企业景气调查结果显示，反映企业家对2017年第一季度企业经营状况预测的预期指数为98.9，比2016年第四季度的指数低4.9点。2016年第四季度接受调查的钢铁行业企业中，订货正常及高于正常的企业占77.5%；运营盈利或持平的企业占77.5%；用工计划增加或持平的企业占86.6%；投资增加或持平的企业占74.6%；企业税费负担上升或持平的企业占93.9%；资金周转方面，资金充裕或正常的企业占64.4%。综合这些因素，预测2017年第一和第二季度钢铁行业景气保持温和回暖走势。

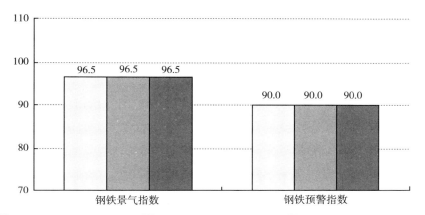

图15 中经钢铁产业景气和预警指数预测

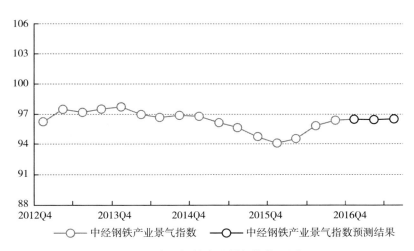

图16 中经钢铁产业景气指数预测

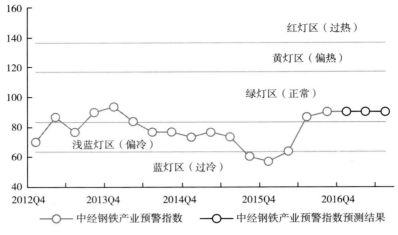

图 17　中经钢铁产业预警指数预测

（二）2017 年行业前景展望

面对国际社会贸易保护主义抬头、国内经济发展新常态的形势，钢铁产业去产能等任务依然严峻，2017 年钢铁产业在困境中发展。

1. 需求拉动不强

世界经济仍然复苏缓慢，美国等发达国家贸易保护主义抬头、英国脱欧、意大利银行危机、希腊债务危机等必将影响国际贸易增长。特别是近期随着针对我国钢铁产品的反倾销、反补贴的案件增加，我国钢材出口难度还会加大。同时，全球性钢铁产能过剩问题严重，钢材市场供大于求矛盾突出。复杂的形式决定了 2017 年国际需求拉动不强。

同时，国内经济发展速度的下滑、制造业的低迷、对房地产的管控等，也客观上决定了国内对钢铁产业的需求仍保持在低位。

2. 在困境中发展

在化解产能过剩的推动下，2016 年钢铁行业实现了扭亏为盈，但这仅仅是走出了低谷，还没有完全走出困境。淘汰落后产能、打击"地条钢"任务仍然艰巨；企业融资难、融资贵等问题仍没有根本解决；原燃料价格大幅上涨仍严重挤压行业的利润空间；钢铁企业平均资产负债率较高，迫切需要降杠杆促发展，因此，全行业不可盲目乐观。2017 年钢铁产业在困境中前行。

3. 中国经济新常态带来的机遇

2008 年金融危机以来，中国经济增长速度不断下滑，2016 年经济增速下降至 6.7%，从高速增长转向中高速增长，经济发展方式从规模速度型粗放增长转向质量效益型集约增长，经济发展动力从传统增长动能转向新的增长动能。新常态带来的新速度、新方式、新结构、新动力对钢材需求将产生不同影响，传统制造业、房地产等行业对钢材需求强度有可能下降，高端制造业、新兴产业用钢需求有可能增长。钢铁行业要适应这种新变化，通过自主创新、结构调整，把握新机遇。

（三）行业发展对策建议

基于国内外宏观经济发展和钢铁行业的运行环境，推动钢铁行业发展和摆脱困境应着重做好以下几个方面的工作：

1. 深化供给侧改革，继续化解过剩产能

2016 年 2 月国务院下发《关于钢铁行业化解过剩产能实现脱困发展的意见》，要求从 2016 年开始，用五年时间再压减粗钢产能 1 亿~1.5 亿吨[①]。2017 年是推进供给侧结构性改革的深化年，也是钢铁行业去产能工作的攻坚年。把淘汰落后产能，特别是彻底清理"地条钢"作为 2017 年去产能工作的重要内容。进一步加强去产能

---

① 《国务院关于钢铁行业化解过剩产能实现脱困发展的意见》，2016 年 2 月 4 日，ht-tp：//www. gov. cn/zhengce/content/2016-02/04/content_5039353. htm。

工作的宣传，特别是要加强企业资产处置、职工安置相关方面舆情应对和引导工作。

把过剩的产能损失减小到最低，需要多方发力、多措并举。首先，通过产业标准、水电价格、环保门槛、税收等一系列手段，继续减少落后的产能存量。其次，增加兼并重组力度，提高产业集中度。最后，避免"一刀切"式的政策导致行业"休克"式停摆，例如，银行贷款应该分类放贷，对确属落后、竞争力不强的企业可以提高风险警示，但对于属于先进水平、市场出路较好的生产企业应该保证贷款。

2. 加强自主创新，推动行业升级

（1）推进智能制造。引导钢铁制造业与"互联网+"融合发展，与大众创业、万众创新紧密结合，实施钢铁企业智能制造示范工程，制定钢铁生产全流程"两化融合"解决方案。提升企业研发、生产和服务的智能化水平，建设一批智能制造示范工厂。推广以互联网订单为基础，满足客户多品种小批量的个性化、柔性化产品定制新模式。

（2）提升品质品牌。树立质量标杆，升级产品标准，加强品牌建设，全面提升主要钢铁产品的质量稳定性和性能一致性，形成一批具有较大国际影响力的企业品牌和产品品牌。

（3）研发高端品种。加强钢铁行业生产加工与下游用钢行业需求对接，引导钢铁企业按照"先期研发介入、后续跟踪改进"的模式，重点推进高速铁路、核电、汽车、船舶与海洋工程等领域重大技术装备所需高端钢材品种的研发和推广应用。

3. 发展循环经济，实现绿色制造

在全球变暖、全国环境问题严重的环境下，加快推进先进适用以及成熟可靠的节能环保工程技术改造，确保能耗全面符合国家限额标准、主要污染源全面达标排放；开展节能环保关键共性技术攻关，提升节能减排技术改造工程水平的支撑能力，提高企业绿色制造的创新能力和水平。发展循环经济，构建钢铁与建材、石化等行业的跨界固废综合利用产业链，突破含重金属冶金渣和脱硫渣等的无害化利用技术的瓶颈及障碍。随着废钢铁积累增加，加快废钢回收分类设施建设，多措并举积极推动提高废钢铁使用比例。为应对碳排放指标对钢铁行业的制约和影响，继续挖掘钢铁节能潜力，提高能效水平，推进钢铁行业低碳发展。引导企业实施产品全生命周期绿色管理，开发绿色产品，建设绿色工厂，打造全供应链的绿色制造体系①。

4. 积极参与"一带一路"建设，继续推进国际产能合作

2016年钢铁产业扩大"走出去"步伐，鞍钢在巴基斯坦的城市轨道交通项目、宝武鄂钢的中马友谊大桥项目、首钢总体设计的埃塞俄比亚首个大型工业园区、河钢舞钢在哈萨克斯坦巴图达尔炼油厂二期的项目、包钢在埃及塞得港的项目、南钢在土耳其卡赞碱矿加工项目、中冶赛迪与澳方签订新建联合钢厂设计和咨询合同、中钢设备与伊朗签署的合同、中国重型机械研究院在印度尼西亚的供货合同等都是"一带一路"背景下在国际产能合作的新进展。

2017年紧密结合国家"一带一路"战略，秉承共商、共享和共建原则，通过政策沟通、设施联通、贸易畅通、资金融通、民心相通，在提高防范风险的基础上，完成既有合同的同时，不断拓展新的合作空间。

执笔人：胡安俊

---

① 马国强：《认真做好化解过剩产能工作促进钢铁行业转型升级脱困发展》，2017年1月10日，http：//www.chinaisa.org.cn/gxportal/DispatchAction.do?efFormEname = ECTM40&key = Am-FZZl41AGFTMgA3VjEHZlQwVDRTN1VgAjdWYwRhDDgDEFoVChFZaQobAEdeSVU3。

中经产业景气指数 2016 年有色金属行业年度分析

一、2016 年有色金属行业运行情况[①]

（一）2016 年有色金属行业景气状况

1. 景气指数止跌回升

在持续下跌后，2016 年中经有色金属产业[②]景气指数企稳回升。2016 年四个季度，中经有色金属产业景气指数分别为 95.9、96.8、97.0 和 97.1[③④]，呈现逐季上升的态势。随着环比上升，2016 年下

[①] 本部分的数据分析主要基于中经产业指数 2016 年第一至第四季度报告。
[②] 有色金属产业包括有色金属矿采选业和有色金属冶炼及压延加工业两个大类行业。
[③] 根据景气预警指数体系运算方法，行业景气指数、行业预警指数及预警灯号的构成指标要经过季节调整，剔除季节因素对数据的影响，在对包含当期数据的时间序列进行季节调整时历史数据的季节调整结果也将发生变化，因此行业景气指数、预警指数及预警灯号发布当期数据时，前期数据也会进行调整。
[④] 2003 年有色金属产业的预警灯号基本上在绿灯区，相对平稳，因此定为有色金属产业景气指数的基年。

半年中经有色金属产业景气指数由上半年同比下降转为同比上升，第三季度和第四季度分别比 2015 年同期提高 0.3 和 0.8 点。进一步剔除随机因素①，四个季度中经有色金属产业景气指数分别为 94.6、95.1、95.5 和 95.8，上升趋势更为明显，第四季同比提高 1.2 点，比第一季度提高 1.1 点。未剔除随机因素指数与剔除随机因素指数剪刀差在第二季度明显扩大后逐渐减小，在一定程度上反映了宏观经济政策、产业政策对有色金属产业的影响。

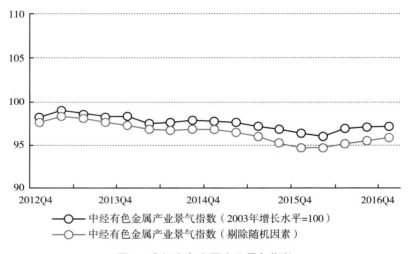

图 1 中经有色金属产业景气指数

2. 预警指数在"浅蓝灯区"波动

2016 年四个季度，中经有色金属产业预警指数为 70、73.3、76.7 和 73.3，与 2015 年相比明显上升，分别较 2015 年同期提高 0、6.6、6.7 和 6.6 点，但仍处于偏冷的"浅蓝灯区"，表明有色金属行业运行仍面临一定压力。就季度变化来看，2016 年中经有色金属

---

① 随机因素亦称不规则性，如新政策实施、宏观调控、自然灾害等因素对数据的影响。

指标名称	2014 年				2015 年				2016 年			
	1	2	3	4	1	2	3	4	1	2	3	4
十种有色金属产品产量	蓝	蓝	蓝	蓝	蓝	蓝	蓝	蓝	蓝	蓝	蓝	蓝
有色金属行业出口交货值	蓝	蓝	蓝	蓝	蓝	蓝	蓝	蓝	蓝	蓝	蓝	蓝
有色金属行业利润合成指数	蓝	蓝	蓝	蓝	蓝	蓝	蓝	蓝	蓝	蓝	蓝	蓝
有色金属行业利润率	绿	绿	绿	绿	绿	绿	绿	绿	绿	绿	绿	绿
有色金属行业主营业务收入	蓝	蓝	蓝	蓝	蓝	蓝	蓝	蓝	蓝	蓝	蓝	蓝
有色金属行业从业人数	绿	绿	绿	绿	绿	绿	绿	绿	绿	蓝	蓝	蓝
有色金属行业固定资产投资总额	蓝	蓝	蓝	蓝	蓝	蓝	蓝	蓝	蓝	蓝	蓝	蓝
有色金属行业生产者出厂价格指数	蓝	蓝	蓝	蓝	蓝	蓝	蓝	蓝	蓝	蓝	绿	绿
有色金属行业产成品资金（逆转）	绿	绿	绿	绿	绿	绿	绿	绿	黄	黄	红	黄
有色金属行业应收账款（逆转）	蓝	蓝	蓝	蓝	蓝	蓝	蓝	黄	黄	黄	黄	绿
预警指数	蓝	蓝	蓝	蓝	蓝	蓝	蓝	蓝	蓝	蓝	蓝	蓝
	73	70	73	77	70	70	70	67	70	73	77	73

图 2　中经有色金属产业预警指数指标灯号

★灯号图说明：预警灯号图是采用交通信号灯的方式对描述行业发展状况的一些重要指标所处的状态进行划分：红灯表示过快（过热），黄灯表示偏快（偏热），绿灯表示正常稳定，浅蓝灯表示偏慢（偏冷），蓝灯表示过慢（过冷）；并对单个指标灯号赋予不同的分值，将其汇总而成的综合预警指数也同样由五个灯区显示，意义同上。

产业预警指数有所波动，前三季度逐季上升，第四季度略有下降，比第三季度下降 3.4 点。在构成中经有色金属产业预警指数的十个指标（仅剔除季节因素①，保留随机因素）中，除出口交货值、固定资产投资总额、利润合成指数延续 2014 年以来的过冷或偏冷状态之外，其他指标均发生了较大变化。比较而言，指标的变化"喜忧参半"。产品产量、从业人员、产成品资金（逆转）② 状况明显恶化，

---

① 季节因素是指四季更迭对数据的影响，如冷饮的市场销量随四季气温年复一年发生周期变动。

② 逆转指标也称反向指标，其指标值越低，行业状况越好；反之亦然。

2016 年十种有色金属产品产量由偏冷的"浅蓝灯"全面转变为过冷的"蓝灯",从业人员从第二季度开始由正常的"绿灯"转为偏冷的"浅蓝灯",产成品资金(逆转)也由近年来的"绿灯"转变为偏热的"黄灯",第三季度甚至达到过热状态。与之相对,生产者出厂价格指数、主营业务收入、利润率、应收账款(逆转)则显著好转。其中,生产者出厂价格指数 2016 年上半年由 2015 年第四季度"蓝灯"转"浅蓝灯",2016 年下半年进一步转成为正常的"绿灯";从2016 年第二季度开始,主营业务收入由"蓝灯"变为"浅蓝灯",行业利润率由"浅蓝灯"变为"绿灯",均明显好转;应收账款(逆转)从第三季度开始由偏热状态回归正常。

(二) 2016 年有色金属行业生产经营状况

1. 有色金属产量增速探底回升

2016 年,有色金属行业生产状况仍不容乐观,产品产量增速有所下降。经初步季节调整①②,2016 年第一季度十种有色金属产量为1104.6 万吨,同比下降 4.3%,为 2010 年以来的首次单季同比负增长;第二至第四季度生产状况有所好转,十种有色金属产量分别为1340.2、1334.5 和 1354.7 万吨,比 2015 年同期分别增长 3.0%、1.3%和 2.8%,增速虽略有波动,但整体相对平稳,仍处于较大水平,第二季度和第三季度增速与 2015 年同期相比分别下降 6.9 和9.2 个百分点,第四季度增速与去年同期基本持平。总体来看,在经

---

① 初步季节调整指原始数据仅剔除春节等节假日因素的影响,未剔除不规则要素的影响。

② 本章所有财务绩效数据第二季度是指 3~5 月数据(流量指标加上了近似今年 3 月的数据,并作了初步季节调整,仅剔除了节假日因素的影响);去年第三季度是指 6~8 月;第四季度是指 9~11 月;第一季度是指 12~2 月。其他宏观指标如产量、投资、外贸、价格指数,如无特别说明,季度划分同上所述。

历大幅下降后，有色金属行业产量增速呈现低位回升的趋势。

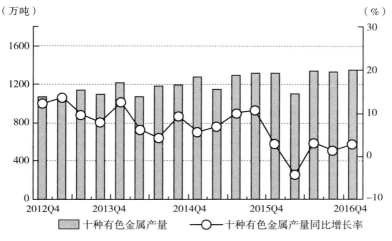

图3　2012~2016年十种有色金属产量及增速

2. 产品价格大幅回升

近年来，有色金属行业价格持续低迷，2016年有色金属产品价格出现明显反弹。2016年上半年，有色金属产品价格继续下探，经初步季节调整，第一季度和第二季度有色金属行业出厂者价格指数分别同比下降10.4%和7.1%，降幅持续收窄，比2015年第四季度分别减少2.8个和6.0个百分点；2016年第三季度有色金属行业出厂者价格指数则实行了同比由负转正，同比增长1.6%，是自2012年以来首次单季同比正增长；2016年第四季度有色金属行业出厂价格指数进一步回升，同比上涨12.7%，10~12月有色金属冶炼及压延加工业出厂价格环比涨幅分别为1.5%、5.0%、2.4%，有色金属矿采选业出厂价格环比涨幅分别为0%、2.4%、1.5%。有色金属价格上涨的原因有多方面，既有"基数效应"，又与国际大宗有色产品期货市场价格大幅回升有关，同时去产能、去库存也发挥了积极作用。

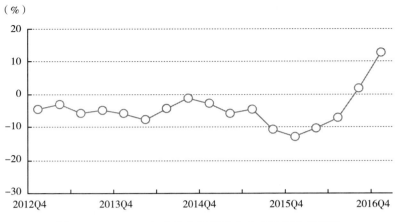

（%）

图 4　2012~2016 年有色金属行业生产者出厂价格指数

3. 主营业务收入止跌回升

2016 年，主营业务收入增速持续上升。经初步季节调整，第一季度有色金属行业实现主营业务收入 1.3 万亿元，延续 2015 年第四季度下跌趋势，同比下降 0.9%，降幅有所收窄；第二季度开始止跌回升，主营业务收入为 1.5 万亿元，同比增长 4.4%；第三季度和第四季度主营业务收入均为 1.6 万亿元，增速进一步提高，分别达到 4.9% 和 7.1%，增速比 2015 年同期提高 2.8 个和 9.5 个百分点。值得关注的是，主营业务收入上涨与有色金属行业生产状况低迷形成鲜明对比，价格因素在有色金属行业主营业务收入增长中发挥重要作用。

相比较而言，2016 年有色金属行业出口情况略有好转。经初步季节调整，第一季度，有色金属行业出口交货值为 198 亿元，同比下降 25.7%，降幅达到 2013 年以来的最大值；第二和第三季度出口状况好转，出口交货值分别达到 207.4 和 373.1 亿元，同比增长 5.8% 和 6.0%；第四季度出口出现明显波动，有色金属行业出口交货值为 264.3 亿元，同比下降 7.6%，同时考虑到 2015 年第四季度出口交货值同比下降 21.3%，2016 年第四季度有色金属行业出口状况相当严峻。

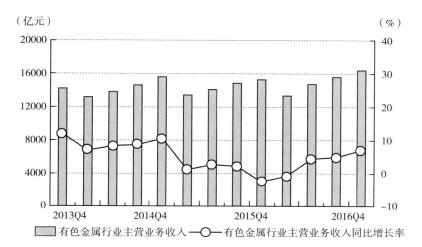

图 5　2013~2016 年有色金属行业主营业务收入及增速

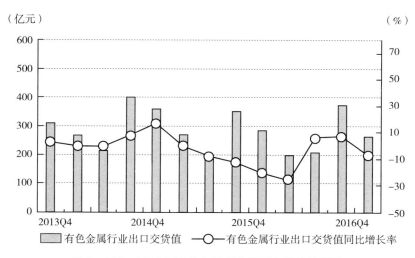

图 6　2013~2016 年有色金属行业出口交货值及增速

4. 行业利润大幅增长

在经历 2015 年下半年大幅下跌后，2016 年有色金属行业经营状况出现好转，行业利润总额大幅增长。经初步调整，2016 年第一季度有色金属行业利润总额为 324.7 亿元，同比下跌 12.4%，降幅较 2015 年下半年有所收窄；从第二季度开始，有色金属行业利润总额止跌回升，利润总额为 505.2 亿元，同比增长 18.7%；第三季度利润总额为 569.5 亿元，增幅继续攀升，同比增长 48.4%，同比增速创 2011 年以来的最高水平；第四季度利润总额达到 775.8 亿元，同比增长 41.3%，增速虽然比上季度回落了 6.9 个百分点，但仍处于较快水平。

受利润总额增长的带动，有色金属行业利润率持续上升。经初步季节调整，2016 年四个季度有色金属行业销售利润率分别为 2.4%、3.4%、3.6%和 4.7%，分别比 2015 年同期提高–0.3、0.4、1.1 和 1.2 个百分点，除第一季度继续下降外，均实现了增长，其中第四季度销售利润率为 2013 年以来的最高水平。

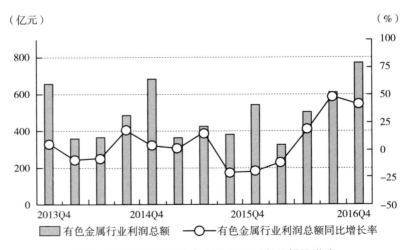

图 7　2013~2016 年有色金属行业利润总额及增速

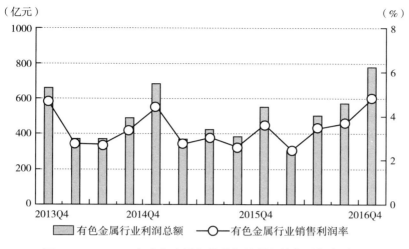

图8 2013~2016年有色金属行业利润总额和销售利润率对比

5. 库存短期底部迹象

2016年，有色金属行业"去库存"成效突出，产成品资金持续同比下降。经初步季节调整，2016年四个季度，截至季度末有色金属行业产成品资金分别为1781.9亿元、1768.4亿元、1792.6亿元和1934.8亿元，分别同比下降3.2%、6.3%、10.6%和4.0%，除第四季度之外产成品资金降幅不断加大。从第一季度开始，有色金属行业产成品资金增长率与主营业务收入增长率出现了"交叉换位"，与2015年不同，产成品资金增长率全面低于主营业务收入增长率，两者的"剪刀差"分别为2.3、10.7、15.5和11.0个百分点，前三季度"剪刀差"逐渐加大。第四季度，有色金属行业产成品资金下降幅度明显收窄，与主营业务收入增长率之差也有所减少，在一定程度上反映出，有色金属行业库存短期底部或已显现。

6. 应收账款增速回升

在经历持续大幅下降之后，2016年有色金属行业应收账款增速出现了明显回升。经初步季节调整，2016年四个季度，截至季度末

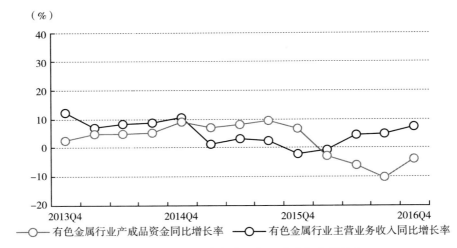

图9　2013~2016 年有色金属行业产品资金增长率

有色金属行业应收账款分别为 2885.8、3016.7、3142.8 和 3397.0 亿元，较 2015 年同期分别增长 2.4%、2.7%、4.5% 和 9.0%，增幅持续上升，第三季度和第四季度增速分别比 2015 年同期提高 2.0 和 7.2 个百分点。2016 年四个季度有色金属行业应收账款平均周转天数①分别为 20.3、18.0、17.7 和 17.9，整体呈现下降趋势，除第一季度提高 0.6 天之外，第二至第四季度分别比 2015 年同期下降 3.2、2.2 和 0.1 天。

7. 行业投资状况依然低迷

2016 年，有色金属行业固定资产投资依然处于下降状态。经初步季节调整，2016 年四个季度有色金属行业固定资产投资分别为 642.3、2095.5、2177.6 和 1647.3 亿元。固定资产投资增速出现明显波动，2016 年上半年，有色金属行业固定资产投资增速略有回升，第一季度投资同比下降 7.3%，降幅较上一季度下降 4.4 个百分

---

① 应收账款周转天数表示应收账款从发生到收回（即周转一次）的平均天数。一般来说，应收账款周转天数越短，则资金利用效率越高；反之则越低。计算公式为：90/（季度销售收入/平均应收账款）。

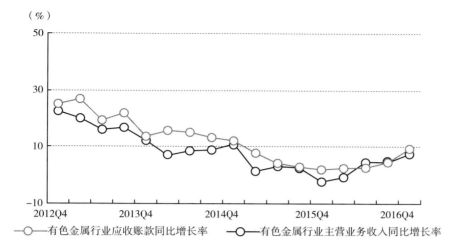

图 10　2012~2016 年有色金属行业应收账款和主营业务收入增速对比

点，第二季度投资转降为增，实行同比增长 2.6%，增速较 2015 年同期提高 3.6 个百分点；下半年有色金属行业固定资产投资重新出现波动，第三季度同比下降 13.4%，第四季度同比下降 6.4%，降幅虽然较上一季度收窄 7.0 个百分点，降幅依然较大。在产能过剩压力依然较大和去产能政策逐步落实的背景下，企业的投资持续走弱。

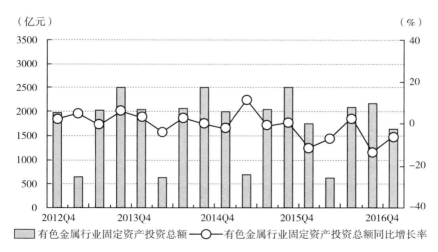

图 11　2012~2016 年有色金属行业固定资产投资总额及增速

8. 用工需求基本稳定

在增速持续下跌之后，2016 年有色金属行业用工人数进入相对稳定阶段。经初步季节调整，2016 年四个季度，有色金属行业从业人员分别为 234.4、235.9、237.0 和 239.7 万人，均同比减少 0.02%。2013 年以来，有色金属行业用工人数增幅持续下降，2015 年第四季度出现了首次用工人数单季下降，同比下降 0.2%。2016 年，有色金属行业从业人数延续下降态势，但从业人数降幅处于相当低的水平，行业用工需求基本稳定。

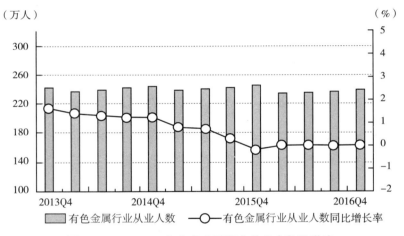

图 12　2013~2016 年有色金属行业从业人数及增速

二、2016 年有色金属行业运行分析

（一）有色金属行业总体运行情况

2016 年，有色金属行业呈现明显的稳中向好的态势。行业生产在经历年初较大波动之后趋于平稳，供给侧结构性改革效果显现，产

品价格出现较大幅度回升，行业出口略有改善，主营业务收入恢复性上涨，行业经营状况好转，利润总额大幅提升，利润率持续上升，2016 年第四季度利润率创近年来的新高，去库存成效显著，行业库存出现短期底部迹象，资金状况和用工需求基本稳定。

但是，有色金属行业目前还处于调整阶段，行业发展面临较多困难。中经有色金属产业预警指数略有上升，但仍继续在偏冷的"浅蓝灯区"运行，特别是有色金属行业产品产量、出口交货值、固定资产投资均位于过冷的"蓝灯区"，其中，固定资产投资整体依然处于下降通道。同时，尽管收入和利润状况有所改善，但行业主营业务收入和利润合成指数均表现为偏冷的"浅蓝灯"，处于相当较低水平。综合来看，在行业运行趋好的同时，有色金属行业结构调整和转型升级任务仍相当艰巨，调整升级是未来一段时期行业发展的主线。

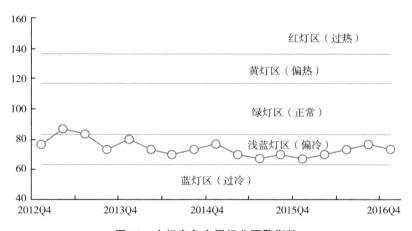

图 13　中经有色金属行业预警指数

（二）有色金属行业运行特点及原因分析

有色金属行业属于基础原材料行业，在我国工业化过程中发挥了重要的作用。近年来，随着我国经济进入新常态，有色金属行业结构性矛盾逐步显现，行业发展面临较大的转型升级压力，是我国供给侧结构性改革的重点领域。2016 年，在多方面努力下，有色金属行业在平稳运行中稳步提升发展质量。

1. 有色金属国际市场价格上升

在经历了持续低迷之后，2016 年有色金属国际市场环境有所改善。受国际金融市场及周期性调整等因素的影响，有色金属价格明显回升。2016 年 12 月 31 日，LME 市场铜、锡、铅、锌、铝、镍的市场结算价分别为 5501 美元/吨、21100 美元/吨、1985 美元/吨、2563 美元/吨、1713.5 美元/吨、10010 美元/吨，分别比去年同期提高 16.7%、44.0%、11.0%、60.9%、13.7% 和 16.3%。同时，根据中经有色金属产业指数，经过初步季节调整，2016 年第二和第三季度有色金属行业出口交货值结束了连续五个季节下降的态势，分别同比增长 5.8% 和 6.0%，略有好转。

2. 有色金属行业国内需求好转

2016 年，有色金属下游行业展现出较好的态势。全国房地产开发投资 10.3 万亿元，比上年名义增长 6.9%（扣除价格因素实际增长 7.5%），增速比 2015 年提高 5.9 个百分点；房屋新开工面积 16.7 亿平方米，同比增长 8.1%，增速提高 0.5 个百分点；商品房销售面积 15.7 亿平方米，同比增长 22.5%，增速比 2015 年提高 16 个百分点。中国汽车工业协会统计数据显示，2016 年我国汽车产销 2811.9 万辆和 2802.8 万辆，同比增长 14.5% 和 13.7%，增幅比 2015 年提高 11.2 个百分点和 9.0 个百分点。2016 年，汽车制造业规模以上工业增加值同比增长 15.5%，远高于工业总体水平；计算机、通信和其他电子设备制造业规模以上工业增加值增速达到了

10.0%，也保持了较高水平。受国际、国内多种因素综合作用，有色金属国内价格出现恢复性上涨。2016 年 12 月 30 日，上海期货交易所铝、铜、锌、铅、镍、锡主力合约结算价分别为 12755 元/吨、45430 元/吨、20835 元/吨、17555 元/吨、85760 元/吨和 146890 元/吨，分别比 2015 年同期提高 18.3%、24.4%、56.3%、33.9%、22.5%和 56.3%。

3. 有色金属行业经济效益明显好转

伴随产品价格回升，有色金属行业经营状况显著改善。2016 年，在规模以上工业中，有色金属矿采选业主营业务收入为 6479.6 亿元，同比增长 6.4%，实现利润 483.3 亿元，同比增长 9.7%；有色金属冶炼及压延加工业主营业务收入为 5.39 万亿元，同比增长 5.5%，实现利润总额 1947.0 亿元，同比增长 42.9%。但是，传统行业盈利状况仍不稳定，仍面临较大冲击。卓创监测数据显示，2016 年 6 月我国电解铝生产企业算数平均生产成本 11429.04 元/吨，较上月下降 198.2 元/吨，行业平均盈利 1218.96 元/吨；加权平均生产成本 10813.43 元/吨，较上月降低 135.06 元/吨，行业平均盈利 1834.57 元/吨。但受原材料价格上涨的影响，2016 年底电解铝生产企业经营状况开始恶化。截至 12 月底，电解铝生产企业算数平均生产成本 13485.36 元/吨，较上月上涨 536.16 元/吨，行业平均亏损 703.36 元/吨；加权平均生产成本 13002.59 元/吨，较上月上涨 421.97 元/吨，亏损产能占比达到 38.0%。

4. 有色金属行业结构调整继续深化

在相关政策的推动下，有色金属行业结构调整不断推进。2016 年，规模以上有色金属冶炼及压延加工业增加值同比增长 6.2%。十种有色金属产量 5283 万吨，同比增长 2.5%，增速比 2015 年回落

3.3 个百分点。其中，铜产量 844 万吨，同比增长 6%，增速提高 1.2 个百分点；电解铝产量 3187 万吨，同比增长 1.3%，增速回落 7.1 个百分点；铅产量 467 万吨，由 2015 年下降 5.3% 转为同比增长 5.7%；锌产量 627 万吨，同比增长 2%，增速回落 2.9 个百分点。此外，氧化铝产量 6091 万吨，同比增长 3.4%，增速回落 6.2 个百分点。相比而言，铜铝加工材等行业保持快速增长。铜加工材产量同比增长 12.5%，增幅比 2015 年提高 4.4 个百分点；铝加工材产量同比增长 9.7%，增幅与 2015 年基本持平。

5. 供给侧结构性改革力度加大

2016 年以来，有色金属行业积极推进供给侧结构性改革，取得了显著成效。与此同时，随着市场需求好转，特别是价格大幅上涨，有色金属行业结构调整面临新的挑战。为了进一步推动有色金属行业实行转型升级，2016 年 6 月国务院办公厅印发了《关于营造良好市场环境促进有色金属工业调结构促转型增效益的指导意见》，对有色金属行业转型升级进行部署，明确了严控新增产能、加快退出过剩产能、引导不具备竞争力的产能转移退出、推动智能制造、发展精深加工、扩大市场应用、健全储备体系、推进国际合作、完善用电政策、完善土地政策、加大财税支持、加强金融扶持、做好职工安置工作具体要求和各部门职责。2016 年 9 月，工信部印发了《有色金属工业发展规划（2016～2020 年）》（以下简称《规划》），强调"以加强供给侧结构性改革和扩大市场需求为主线，以质量和效益为核心"，推动我国有色金属工业 2020 年迈入世界强国行列。《规划》从技术创新、转型升级、资源保障、绿色发展、两化融合方面明确发展目标，并提出创新驱动、产业结构调整、发展高端材料、促进绿色可持续发展、提高资源供应能力、推动两化深度融合、拓展应用领域、深化国际合作八个方面的具体任务。

6. 行业投资状况仍不容乐观

尽管有色金属行业经营状况有所改善，企业利润率显著回升，但行业投资信心仍不足，加之去产能等相关政策的影响，有色金属行业投资继续下降。2016年，有色金属矿采选业完成固定资产投资1429亿元，同比下降10.0%；有色金属冶炼及压延加工业完成固定资产投资5259亿元，同比下降5.8%。民营企业投资下降更为明显，2016年有色金属矿采选业民间投资1034亿元，同比下降6.2%；有色金属冶炼及压延加工业民间投资4435亿元，同比下降6.3%。有色金属矿采选业、有色金属冶炼及压延加工业民间投资分别占全部投资的72.4%和84.3%，民间投资对有色金属行业固定资产投资具有决定性影响。

三、行业前瞻与对策建议

（一）有色金属行业景气和预警指数预测

如前所述，调整是未来一段时期有色金属行业发展的重点，行业面临的短期问题依然突出。2016年第四季度有色金属行业企业景气调查结果显示，企业家对于有色金属行业的预期水平略有下降，反映企业家对企业经营状况预测的预期指数为107.5，比反映当期经营状况的即期指数低3.8个点。分指标来看，企业家对2017年第一季度后期需求状况依然看好，订货增加及持平的企业占83.1%，比上季度上升1.9个百分点，然而，用工计划增加及持平的企业占87.6%，比上季度下降1.4个百分点。此外，虽然投资计划增加及持平的企

125

业占 78.5%，与上季度基本持平，但预期投资会减少的企业占 21.5%，比预期投资会增加的企业所占比重高 13.9 个百分点。经模型测算，2017 年第一季度与第二季度中经有色金属产业景气指数分别为 96.8、96.7，略有下降；预警指数均为 73.3，延续 2016 年第四季度水平。

图 14　中经有色金属行业景气指数预测

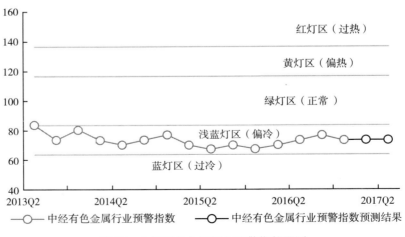

图 15　中经有色金属行业预警指数预测

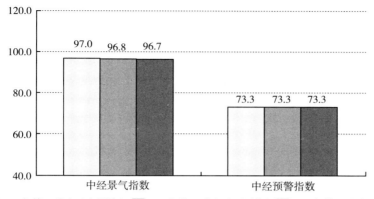

图 16　中经有色金属产业景气和预警指数预测

（二）2017 年有色金属行业前景展望

推进供给侧结构性改革，适度扩大总需求是 2017 年经济工作的主要基调，国民经济将继续稳中求进。电子信息、航空航天、高端装备制造等行业将保持快速发展；汽车产销虽有所波动，但总体上仍处于快速发展阶段；在去库存的背景下，保持稳定仍是房地产发展的政策取向。另外，随着有色金属行业的调整升级持续推进，去产能、去库存、降成本的效果进一步显现。综合来看，有色金属国内市场状况有望继续好转。2017 年 1 月，有色金属矿采选业生产者出厂价格环比上涨 1.3%，同比上涨 17.7%；有色金属冶炼及压延加工业生产者出厂价格环比上涨 0.1%，同比上涨 17.3%。

同时也应该看到，有色金属行业发展的国际环境较为严峻。国际经济复苏缓慢，不仅动力明显不足，而且面临的挑战增多；全球债务水平持续上升，金融市场风险增加，2016 年底美联储宣布加息，对国际金融市场造成了冲击，金融市场动荡加剧，大宗商品价格缺乏持续上涨的动力；贸易投资保护主义抬头，对国际贸易和投资造成了不利影响。综合来看，有色金属行业出口状况不容乐观，产品价格也将受到一定的制约。

（三）行业发展的对策建议

坚持淘汰落后过剩产能。目前，有色金属行业结构性过剩的局面依然存在。充分认识去产能对于促进行业健康持续发展的重要意义，加大执法力度，坚决淘汰生产工艺落后、环境污染严重的落后产能，完善退出机制和保障机制，严格取缔"僵尸企业"，避免"僵尸企业"因产品价格反弹出现死灰复燃，切实保护供给侧结构性改革取得的成效。同时，进一步强化行业准入标准，加大社会监督和督察力度，杜绝低水平重复建设再次出现，加强对有色金属需求的科学预测，合理安排投资项目，避免行业盲目扩张，保证重点品种供需实现基本平衡，将电解铝产能利用率控制在 80% 以上。

着力提高行业有效供给。在低端产品过剩的同时，高附加值产品供给不足是制约有色金属行业发展的重要因素，而且由于有色金属是国民经济发展的重要基础性材料，高端产品供给不足在一定程度上对我国经济的结构升级造成了不利影响。加强创新投入，完善创新机制，围绕《中国制造 2025》，重点突破制约行业发展的关键技术和共性技术，积极推动智能制造和两化融合，面向我国新兴产业发展和结构调整的需要，着力发展新型型材和高端材料，提升产业绿色发展水平，真正实现"补短板"，提升有效供给水平，推动行业发展，为打造制造强国提供有力支撑。

积极控制和防范外部风险。随着不稳定因素增多，国际环境日趋复杂，有色金属行业面临的外部风险显著增强，加强外部风险的防范不仅有助于有色金属行业的平稳发展，而且也对有色金属行业转型升级具有重要意义。一方面，加强金融创新，完善我国有色金属期货市场，提升期货市场整体实力和聚集力，增强有色金属国际市场话语权；另一方面，加强风险防控机制建设，充分发挥行业协会、研究机构的作用，强化对国际有色金属市场的监测和分析，健全预警机制和信息发布机制，为企业决策提供参考，提高企业的风险防范能力，降低企业经营风险，避免出现大幅波动，促进有色金属行业平稳发展。

执笔人：吴滨　刘溟

中经产业景气指数 2016 年化工产业年度分析

一、2016 年化工产业运行状况[①]

（一）化工产业[②]景气状况

1. 景气指数持续回升，趋于平稳

2016 年四个季度化工产业景气指数[③]分别为 96.7、97.3、97.4 和 97.8（2003 年增长水平＝100[④]），季度之间呈微升状态（见图 1 中的红色曲线），扭转了"十二五"期间的降低走势，开始回升。

---

①　本部分的数据分析主要基于中经产业指数 2016 年第一至第四季度报告。

②　化工产业是指国民经济行业分类中代码 26 的化学原料及化学制品制造业大类。

③　根据景气预警指数体系运算方法，行业景气指数、行业预警指数的构成指标要经过季节调整，剔除季节因素对数据的影响，因此行业景气指数、预警指数发布当期数据时，前期数据也会进行调整。

④　2003 年化工行业的预警灯号基本上在绿灯区，相对平稳，因此定为中经化工产业景气指数的基年。

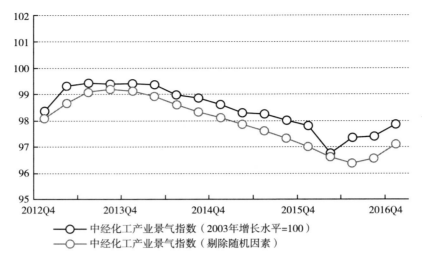

图1 中经化工产业景气指数

2015年的指数是从第一季度的98.3降低到第四季度的97.8，2016年是从第一季度的96.7提高到第四季度的97.8。从年度来看，2015年是"十二五"期间中经化工产业景气指数最低的一年，也是较为平和的一年。2016年作为"十三五"的开局之年，中经化工产业景气指数开始回升。

在构成中经化工产业景气指数的六个指标中（仅剔除季节因素①，保留随机因素②），2016年四个季度的主营业务收入和利润总额同比增长率呈波动状态，后三个季度的主营业务收入同比增长率均高于2015年同期，四个季度的利润总额同比增长率均高于2015年同期；销售利润率呈增长态势；固定资产投资同比增长率前三个季度均为负，第四季度的同比增长率为正；出口额同比增长率均为负，但降幅继续收窄；用工降幅略有收窄。2016年作为"十三五"的开局

---

① 季节因素是指四季更迭对数据的影响，如冷饮的市场销量随四季气温年复一年发生周期变动。

② 随机因素亦称不规则性，如新政策实施、宏观调控、自然灾害等因素对数据的影响。

之年，在"创新、协调、绿色、开放、共享"五大发展理念的带动下，随着供给侧改革的深入，化工行业出现好转的迹象。

进一步剔除随机因素后，2016年中经化工产业景气指数分别为96.6、96.4、96.6和97.1（见图1中的蓝色曲线），扭转了2015年持续下降态势，有所回升；分别低于未剔除随机因素的景气指数0.1点、1.0点、0.8点和0.7点，两者之间的差距呈"缩小—扩大—扩大—缩小"态势。

2016年与2015年相比，剔除随机因素的景气指数也更趋于平稳。2015年的指数从97.8降到97，降低0.8点，2016年的指数是从96.6提高到97.1，提高0.5点，幅度略小于2015年度。从年度来看，2015年是"十二五"期间剔除随机因素的景气指数最低的一年，也是更为平和的一年。2016年平稳回升，表明化工业在"十三五"可能有好转的迹象。

2. 预警指数从偏冷的"浅蓝灯区"进入"绿灯区"

2016年，中经化工产业四个季度的预警指数分别为77、80、80和83，前三个季度在"浅蓝灯区"运行，第四季度在"绿灯区"运行。2015年预警指数分别为77、73、77和80，在"浅蓝灯区"运行。2016年从"浅蓝灯区"上升到"绿灯区"，预警指数有所提高。

在构成中经化工产业预警指数的十个指标中，2016年度位于"绿灯区"的有两个指标——销售利润率和从业人数；位于"蓝灯区"的有四个指标——生产合成指数、主营业务收入、出口额和固定资产投资；位于"浅蓝灯区"的有一个指标——生产者出厂价格指数；利润合成指数前三个季度位于"绿灯区"，第四季度上升进入偏热的"黄灯区"；产成品资金（逆转①）第一季度处于偏热的"黄

---

① 逆转指标也称反向指标，对行业运行状况呈反向作用。其指标量值越低，行业状况越好；反之亦然。

灯区"，后三个季度进入过热的"红灯区"；应收账款（逆转）前三个季度位于偏热的"黄灯区"，第四季度进入"绿灯区"。综合各项指标灯号，2016 年度中经化工产业预警灯号前三个季度位于"浅蓝灯区"，第四季度位于"绿灯区"。

2016 年与 2015 年相比，有六个指标的灯号没有变化——生产合成指数、主营业务收入、固定资产投资三个指标均是"蓝灯"，销售利润率和从业人数是"绿灯"，生产者出厂价格指数为"浅蓝灯"。四个指标的灯号发生变化——利润合成指数从"绿灯"上升为 2016 年第四季度的"红灯"；化工产品出口额从 2015 年的"浅蓝灯"下降为 2016 年的"蓝灯"；产成品资金（逆转）2015 年第一、第二季度是"绿灯"，第三、第四季度和 2016 年第一季度上升为"黄灯"，第二、第三、第四季度继续上升为"红灯"；应收账款（逆转）2015 年前三个季度是"绿灯"，第四季度和 2016 年前三个季度上升为"黄灯"，第四季度下降为"绿灯"。

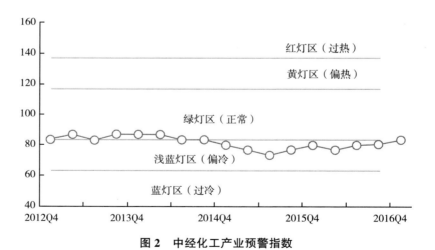

图 2　中经化工产业预警指数

指标名称	2014 年				2015 年				2016 年			
	1	2	3	4	1	2	3	4	1	2	3	4
化工产业生产合成指数	蓝	蓝	蓝	蓝	蓝	蓝	蓝	蓝	蓝	蓝	蓝	蓝
化工产业主营业务收入	蓝	蓝	蓝	蓝	蓝	蓝	蓝	蓝	蓝	蓝	蓝	蓝
化工产业利润合成指数	绿	绿	绿	绿	绿	绿	绿	绿	绿	绿	绿	红
化工产业销售利润率	绿	绿	绿	绿	绿	绿	绿	绿	绿	绿	绿	绿
化工产业从业人数	蓝	蓝	蓝	蓝	蓝	蓝	蓝	蓝	蓝	蓝	蓝	红
化工产业固定资产投资总额	蓝	蓝	蓝	蓝	蓝	蓝	蓝	蓝	蓝	蓝	蓝	蓝
化工产业生产者出厂价格指数	绿	绿	绿	蓝	蓝	蓝	蓝	蓝	蓝	蓝	蓝	蓝
化学工业产品出口额	绿	绿	绿	蓝	绿	蓝	蓝	蓝	蓝	蓝	蓝	蓝
化工产业产成品资金（逆转）	绿	绿	绿	绿	绿	黄	黄	黄	红	红	红	红
化工产业应收账款（逆转）	绿	绿	绿	绿	绿	黄	黄	黄	黄	黄	黄	黄
预警指数	绿	绿	绿	蓝	蓝	蓝	蓝	蓝	蓝	蓝	蓝	绿
	87	83	83	80	77	73	77	80	77	80	80	83

图 3　中经化工产业预警指数指标灯号

★灯号图说明：预警灯号图是采用交通信号灯的方式对描述行业发展状况的一些重要指标所处的状态进行划分：红灯表示过快（过热），黄灯表示偏快（偏热），绿灯表示正常稳定，浅蓝灯表示偏慢（偏冷），蓝灯表示过慢（过冷）；并对单个指标灯号赋予不同的分值，将其汇总而成的综合预警指数也同样由五个灯区显示，意义同上。

（二）化工产业生产经营状况

1. 生产基本稳定，不同产品走势分化

2016 年，四个季度的化工产业生产合成指数分别为 96.9、97.7、97.1 和 97.2（2003 年增长水平 = 100），呈微升状态，扭转了"十二五"期间的降低趋势。

重点监测的六种产品中，2016 年度，两种产品呈同比增长，分别为烧碱和乙烯；碳酸钠后两个季度同比增长，化肥前两个季度同比增长，农药后三个季度同比增长，硫酸只有第二季度同比增长，其余

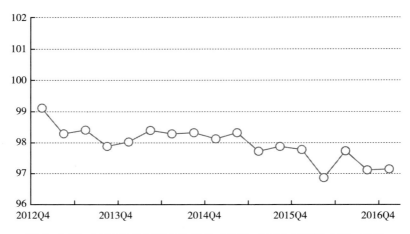

图 4　2012~2016 年化工产业生产合成指数（2003 年增长水平＝100）

三个季度同比下降。六种产品中，硫酸和化肥的全年同比是下降的，其余四种产品全年同比是上升的。

与 2015 年相比，2016 年只有烧碱和乙烯的同比增速均高于 2015 年同比增速，其余四种产品因有不同程度的同比增速为负，故低于 2015 年同期水平。

2. 销售收入增长加快，增幅明显上升

经初步季节调整①，2016 年四个季度化工产业主营业务收入分别为 2.0、2.2、2.3 和 2.4 万亿元，收入缓慢增长；同比增速分别为 2.5%、5.1%、3.5 和 8.7%，增速呈上升态势。

与 2015 年相比较，2016 年的销售收入增长加快。同比增速来看，除了第三季度，2016 年其余三个季度水平高于 2015 年同期水平。2015 年是"十二五"期间水平最低的一年。2016 年有望扭转这种迹象。

2016 年销售收入的增长提高和同比增速上升与产品价格涨幅扩大以及市场需求回暖有关。

---

① 初步的季节调整指仅剔除春节等节假日因素的影响，未剔除不规则因素的影响。

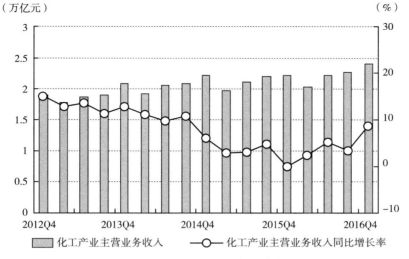

（万亿元）　　　　　　　　　　　　　　　　　　　　　　（％）

图5　2012~2016年化工产业主营业务收入及增速

3. 出口额持续下降，降幅有所收窄

经初步季节调整，2016年四个季度化工产品出口额分别为260、261.1、257.2和247亿美元，呈下降状态；同比分别下跌16.5%、3.9%、2.7%和2%，但降幅有所收窄。

从绝对数看，2016年四个季度的出口额均低于2015年同期水平。从同比增长率来看，虽然2016年四个季度均是下跌，但是第三、第四季度的下跌速度低于2015年同期水平。

4. 价格跌幅持续收窄

2016年，化工产业生产者出厂价格水平四个季度同比分别下跌5.9%、5.6%、5.2%和3.6%，已连续下跌20个季度，但跌幅有所收窄，已经连续三个季度呈现跌幅收窄走势。

与2015年相比，2016年各季度的跌幅有所收窄，环比价格连续三个季度涨幅增大。但化工产品供大于求的市场格局没有根本改变。

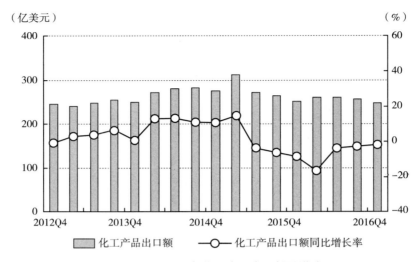

图6　2012~2016年化工产品出口额及增速

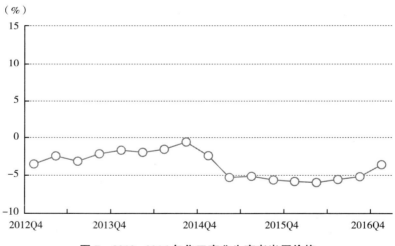

图7　2012~2016年化工产业生产者出厂价格

5. 利润总额缓慢增长，增速呈微降态势

经初步季节调整，2016年化工产业利润总额四个季度分别为913.1、1301.2、1152.4和1455.8亿元，呈缓慢增长趋势；同比增速分别为16.2%、14.1%、12.9%和15.2%，呈波动状态，化工行业利润增速微降。

2016 年各个季度的利润额高于 2015 年的同期水平。从各季度的同比增速看，除了第二季度，2016 年三个季度的水平均高于 2015 年同期水平。

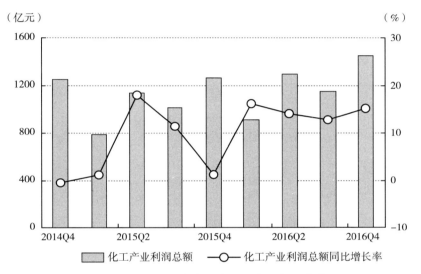

图 8　2012~2016 年化工产业利润总额及增速

经测算，2016 年各季度化工产业销售利润率分别为 4.5%、5.8%、5.1%和 6%，第一、第三季度低于全部工业平均水平 0.7 和 0.5 个百分点，第二、第四季度分别高于全部工业平均水平 0.2 和 0.2 个百分点。2016 年四个季度的销售利润率高于 2015 年同期水平。

经初步季节调整，2016 年四个季度化工产业亏损企业亏损总额分别为 281.5、217.3、228.0 和 175.4 亿元，呈下降趋势；同比增长率分别为 -0.9%、0.1%、-0.2%和-1.2%，呈降低趋势。

从绝对数看，2016 年第一、第三、第四季度的化工产业亏损企业亏损总额低于 2015 年同期总额，第二季度的亏损总额稍高于 2015

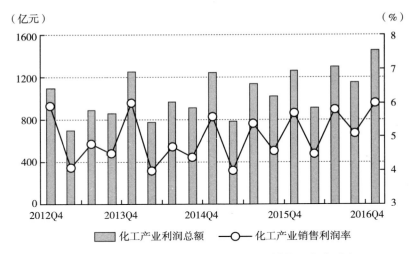

图 9 2012~2016 年化工产业利润总额和销售利润率对比

年同期总额。从同比增长率来看，除了第二季度，2016 年三个季度的水平均低于 2015 年同期水平。从亏损面看，2016 年各季度的亏损面均小于 2015 年同期水平，亏损面有缩小的态势。

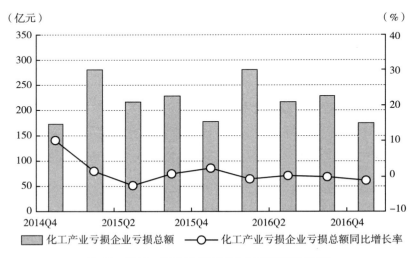

图 10 2012~2016 年化工产业亏损总额及增速

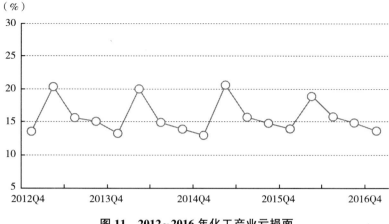

图 11　2012~2016 年化工产业亏损面

6. 库存呈下降态势，延续去库存态势

经初步季节调整，2016 年四个季度末的化工产业产成品资金分别为 2784.7、2741.7、2707.5 和 2763.4 亿元，呈波动下降态势；四个季度的同比增长率分别为 1.1%、−2.9%、−2.4%和−3.2%，呈下降态势，且降幅持续扩大。各季度的产成品资金同比增速低于主营业务收入同比增速。

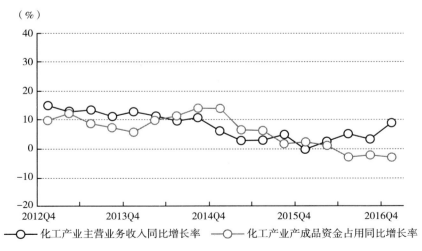

○── 化工产业主营业务收入同比增长率　　○── 化工产业产成品资金占用同比增长率

图 12　2012~2016 年化工产业主营业务收入和产成品资金增速对比

2016年第一季度末的化工产业产成品资金高于2015年同期金额，其余三个季度的化工产业产成品资金低于2015年同期金额，同比增速均低于2015年同期水平。从年度看，2016年产成品资金增速远低于"十二五"期间任何一个年度。2016年后三个季度，主营业务收入同比保持增长势头，产成品资金则同比连续下降，表明化工行业延续了去库存态势。

7. 应收账款增速有所上升

经初步季节调整，2016年四个季度化工产业应收账款[①]分别为6063.7、6616.9、6787.7和7084.8亿元，呈增长态势；同比增长率分别为4.6%、3.9%、5.1%和7.9%，呈上升态势。与主营业务收入增速相比，应收账款增速第一、第三季度分别高出2.1和1.6个百分点，第二、第四季度降低1.2和0.8个百分点，两者之间的差距在缩小。

经测算，应收账款平均周转天数四个季度分别为27.9、25.6、26.4和25.9天，应收账款平均周转天数在缩短。

2016年各个季度末的应收账款额均高于2015年同期水平，但同比增速前三个季度均低于2015年各季度同比增速水平，第四季度高于2015年同期水平；应收账款平均周转天数第一、第三季度稍高于2015年同期水平，第二、第四季度稍低于2015年同期水平。从年度来看，2016年的回款压力与2015年差距较小。

8. 固定资产投资由降转增

经初步季节调整，2016年四个季度化工产业固定资产投资总额分别为1561.2、3942.3、4297.0和4263.9亿元，同比增速分别为-2.0%、-4.68%、-6.51%和4.45%，为连续五个季度下行后的首次回升。

---

① 应收账款周转天数表示在一个季度内，应收账款从发生到收回（即周转一次）的平均天数。一般来说，应收账款周转天数越短，则资金利用效率越高；反之则越低。计算公式为：90/（季度销售收入/平均应收账款）。

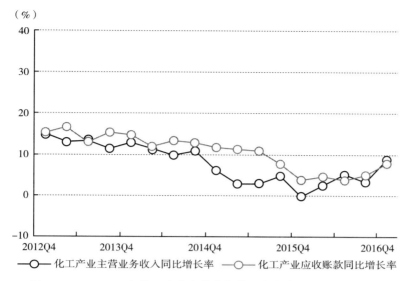

图13　2012~2016年化工产业主营业务收入和应收账款及增速对比

2016年各季度的固定资产投资总额均低于2015年同期金额，同比增速前三个季度低于2015年同期水平。这说明化工产业转型升级、化解产能过剩等取得初步成效。

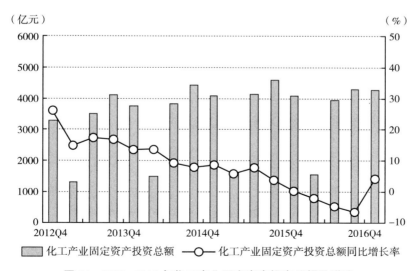

图14　2012~2016年化工产业固定资产投资总额及增速

143

9. 从业人数同比持续下跌

经初步季节调整，2016 年各季度末，化工产业从业人数分别为 434.2、453.8、455.4 和 459.7 万人，同比分别下降 1.9%、1.4%、1.9%和 1.8%，连续六个季度下跌，但降幅有收窄的趋势。

2016 年各季度末的从业人数均低于 2015 年同期人数，同比增速也低于 2015 年同期水平。

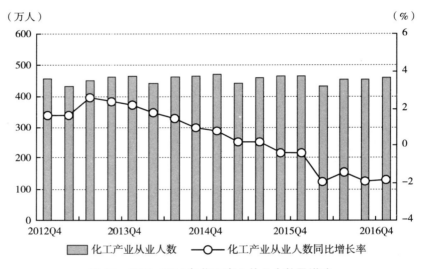

图 15　2012~2016 年化工产业从业人数及增速

二、2016 年化工行业运行分析

（一）总体发展状况

化工行业作为基础行业，产品用途广泛，具有巨大的生产、转化潜力，可以被称为"国民经济的命脉基础"。鉴于化工原料主要来自原油、天然气、煤炭、原盐、钾矿、磷矿以及石化产品，受宏观经济影响较大，化工行业的发展也受经济影响较大。"十二五"期间因经济增速换挡，绿色发展理念深化，作为"三高"行业的化工行业面临巨大压力，化工行业整体低位运行。2016 年，化工行业从偏冷的"浅蓝灯区"上临界线进入正常的"绿灯区"运行，生产回暖。其中，生产销售收入增长加快，销售利润率上升，进出口和从业人数降幅收窄，利润增幅小幅收窄，库存由增转降，而投资由降转增。总体来看，化工行业景气状况稳中有升，经济运行呈现回暖走势。

（二）运行特点及原因分析

改革开放以来，我国已成为最大的化工生产国和消费国。2016 年，面对复杂严峻的宏观经济形势和行业发展中错综交织的深层次矛盾，化工行业积极落实"五位一体"总体战略，坚持稳中求进的总基调，大力推进产业结构调整、创新驱动和化解产能过剩，行业经济运行稳中有进，稳中向好，实现了"十三五"良好开局。经济运行总体平稳，但下行压力依然较大。全行业生产保持正常，市场需求增长平稳，价格触底回升，效益整体保持向好势头，结构调整取得进展。

一是经济运行总体平稳。增加值保持平稳较快增长，根据国家统计局的数据，2016 年，化工行业增加值同比增长 7.6%，增速同比回落 1.7 个百分点。主要产品中，乙烯产量 1781 万吨，增长 3.9%。初级形态的塑料产量 8227 万吨，增长 6.6%；合成橡胶产量 546 万吨，增长 8.9%；合成纤维产量 4536 万吨，增长 3.5%。烧碱产量 3284 万吨，增长 8.8%；纯碱产量 2588 万吨，增长 2.6%。化肥产量 7005 万吨，下降 4.8%；其中，氮肥、磷肥产量分别下降 7.9%和 0.2%，钾肥产量增长 8.4%。农药产量 378 万吨，增长 0.7%。橡胶轮胎外胎产量 94698 万条，增长 8.6%。电石产量 2588 万吨，增长 4.2%。

二是产业提质增效取得进展。化学工业效益持续改善，利润也创历史纪录，增幅近 12%。特别是基础化学原料提质增效最为显著，利润增速达 38.1%，对化工行业利润贡献率达 70%；合成材料利润也呈现高速增长势头，增幅达 41.8%，位居化工各行业之首，贡献率超过 38%。①

三是价格继续回升。从 2016 年价格走势看，化学工业市场价格在 1~2 月触底之后，持续回升。化学原料和化学品制造业下降 2.8%，为 5 年来最低降幅，同比收窄 3.9 个百分点，比上半年收窄 2.8 个百分点。重点监测的化工产品中，多数产品价格环比上涨。12 月，烧碱（片碱）平均价格为 3300 元/吨，比上月下跌 1.5%，同比上涨 42.2%；纯碱 2150 元/吨，比上月上涨 20.8%，同比上涨 62.9%。尿素 1520 元/吨，比上月上涨 8.6%，同比上涨 5.6%；国产磷酸二铵 2400 元/吨，比上月下跌 9.8%，同比下跌 10.8%。电石 2600 元/吨，比上月下跌 0.4%，同比上涨 22.6%。

四是能源效率有所提高。2016 年，行业总能耗增速继续放缓，能源效率继续提升。化学工业总能耗增长 1.0%，同比回落 2.2 个百分点。石油和化工行业万元收入耗标煤同比下降 0.4%，近年来首次下降。其中，化学工业万元收入耗标煤同比下降 4.0%，创历史最高水平。②

三、化工行业前瞻及建议

（一）总体发展趋势判断

展望 2017 年，化工行业将呈现温和回暖走势，但依然面临下行

---

①② 《2016 年中国石油和化工行业经济运行报告》，http://oil.in-en.com/html/oil-2618224.shtml。

压力。

　　统计模型测算结果显示，2017 年第一季度和第二季度景气指数分别为 97.8、98.1，稍高于 2016 年第四季度，呈温和上升走势；预警指数均为 80，但仍在偏冷的"浅蓝灯区"运行。与此同时，企业家对未来行业发展走势的判断依然谨慎，具体来看，本季度订货量高于正常的企业比低于正常的企业少 8.5 个百分点，表明市场需求有所放缓；用工计划下季度比本季度增加的企业比减少的企业低 0.3 个百分点，预计 2016 年第四季度从业人数增速稳中略降；投资计划下季度增加的企业比减少的企业少 6.6 个百分点，2016 年第四季度投资增长将继续放缓。

　　企业景气调查结果显示，2016 年第四季度，化工产业企业景气指数为 118，比第三季度上升 7 点，其中：即期指数为 119.4，比上季度上升 12.3 点，预期指数为 117.1，比上季度上升 3.5 点。调查结果表明，化工行业景气继续温和回暖走势。

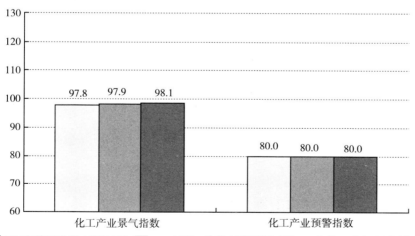

图 16　中经化工产业景气和预警指数预测

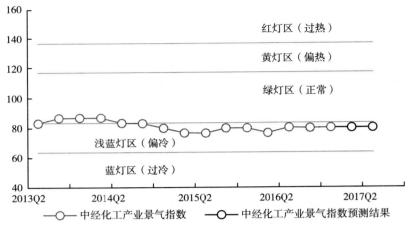

图 17　中经化工产业景气指数预测

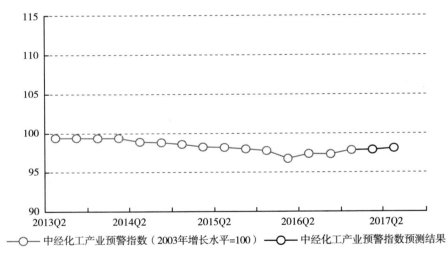

图 18　中经化工产业预警指数预测

（二）2017 年行业前景展望

2017 年，世界经济将继续温和复苏，能源结构或将持续调整，国际能源市场将保持供大于求的格局，原油价格将上扬。我国经济社会发展进入新常态，化工行业需求增速放缓，随着新的环保法的实施，安全环保要求日益严格，化工行业发展面临严重的挑战。在"创新、协调、绿色、开放、共享"五大发展理念的指引下，2017年化工行业整体运行仍将延续温和回暖走势。

目前，化工行业面临形势依然复杂，环保政策持续出台，化工行业压力不断增大。第一，国际形势依然严峻，美国政府的贸易保护主义政策、欧盟部分国家政府变动及政策变化等因素带来的不确定性将进一步凸显；国际油价将对石化行业产生影响，油价将大概率继续回升，影响化工行业的不确定因素增多。第二，市场供过于求的格局没有明显改善，市场需求难以改善，供给侧改革还需深入。化工行业整体仍处于结构性产能过剩的状态，并且随着产品价格的上升和传统旺季接近末尾，市场需求的改善空间较小。第三，随着 2016 年末支持环保产业发展的各项政策密集出台，国家将会继续优化化工行业产业结构，化工行业面临巨大的环保压力，高耗能、高污染企业生产必然受到明显限制，清洁生产势在必行。

当然，化工行业也面临新的机遇。第一，"十三五"规划的实施将促进化工行业的全面深化改革，有助于改善结构性产能过剩和科技创新能力不足的问题。第二，国际油价波动回升的格局将会为化工产品价格上扬提供支撑，化工产品价格或许会继续上升。第三，国内环境的影响，包括"稳中求进"经济工作总基调的确定和各项稳增长政策的落实，有利于化工行业的整体回升，有利于企业降低成本、提高相关产品在国际市场的竞争力。第四，2017 年国家取消多种化肥产品的出口关税，出口有望回升，化工行业出口有望向好。这在人民币兑美元汇率一路下行的大背景下，给予出口商更大的让利空间，有助于提升其信心。

综上所述，2017 年化工产业整体运行仍将延续温和、回暖走势。

（三）行业发展对策建议

"创新、协调、绿色、开放、共享"这五大发展理念，是"十三五"乃至更长时期我国经济与社会的发展思路、发展方向、发展着力点的集中体现，也是改革开放多年来我国发展经验的集中体现，更是化工行业坚持的发展理念。

（1）紧扣石化产业《"十三五"规划发展指南》的精神和指导意见，加快调结构、转方式、提质增效的步伐，突出抓好结构性改革，主动适应和引领经济发展新常态，大力发展战略性新兴化工产业，切实提高全要素生产效率，培育行业发展新的亮点，创造"互联网+"时代和国际化发展的化工新优势，成为科技、品牌、可持续发展和人才实力都不断增加的世界化工强国。

（2）大力培育战略性新兴产业，大力发展绿色化工新材料。整合资源，在以市场为导向、企业为主体的"产学研用"技术创新体系的基础上，引导企业以发展碳纤维及复合材料、电子化学品、推动高端工程塑料在装备中的应用为突破口，促进绿色化工新材料进口替代。

（3）推动节能减排技术研发和推广，夯实节能减排管理基础。一方面，有关部门应尽快制定相关政策管理办法，建立共性技术使用平台，积极开展石化装置能量系统优化技术、化工固体废弃物资源化利用技术以及高浓度难降解有机废水削减和治理技术等关键共性技术的研发攻关和应用示范；另一方面，有关部门应督促企业完善节能减排责任制度，督促重点用能企业和污染物排放企业建立能源管理体系和环境管理体系，鼓励有条件的企业积极开展能源管理体系和环境管理体系认证。

执笔人：刘建翠

中经产业景气指数 2016 年装备制造行业年度分析

一、2016 年装备制造业运行情况[①]

（一）行业景气状况

1. 景气指数平稳运行

2016 年四个季度中经装备制造业[②]景气指数[③]分别为 93.9、94.1、94.1 和 94.1（2003 年增长水平 = 100[④]），季度之间呈平行

本部分的数据分析主要基于中经产业指数 2016 年第一至第四季度报告。

② 装备制造业包括通用设备制造业，专用设备制造业，汽车制造业，铁路、船舶、航空航天和其他运输设备制造业，电气机械和器材制造业，计算机、通信和其他电子设备制造业，仪器仪表制造业七个大类行业。

③ 根据景气预警指数体系运算方法，行业景气指数、行业预警指数及预警灯号的构成指标要经过季节调整，剔除季节因素对数据的影响，在对包含当期数据的时间序列进行季节调整时历史数据的季节调整结果也将发生变化，因此行业景气指数、预警指数及预警灯号发布当期数据时，前期数据也会进行调整。

④ 2003 年装备制造业的预警灯号基本上在绿灯区，相对平稳，因此定为装备制造业景气指数的基年。

状态（见图 1 中的红色曲线），延续 2015 年平稳运行的态势。

与 2015 年相比较，2016 年的景气指数更平稳缓和。2015 年的指数是从第一季度的 95.3 降到第四季度的 94.4，降低 0.9 点。2016 年的指数是从第一季度的 93.9 升到第四季度的 94.1，升 0.2 点。2016 年作为"十三五"的开局之年，装备制造业景气指数有提高的趋势。

在构成装备制造业景气指数的六个指标（仅剔除季节因素[1]，保留随机因素[2]）中，2016 年，主营业务收入和利润总额呈波动增长，销售利润率呈增长态势，固定资产投资增速呈下降态势，出口规模同比由负转正，用工降幅收窄。

2016 年装备制造业四个季度的销售利润率均高于 2015 年同期水平；2016 年后三个季度的主营业务收入同比增速高于 2015 年同期水平；四个季度的利润同比增速高于 2015 年同期水平；出口和用工人数同比增速低于 2015 年同期水平；第二至第四季度的固定资产投资同比增速低于 2015 年同期水平。2016 年装备制造业的效益好于 2015 年。

在进一步剔除随机因素后，2016 年四个季度中经装备制造业景气指数（见图 1 中的蓝色曲线）分别为 92.3、92.3、92.4 和 92.5，持续回升，比未剔除随机因素的指数（见图 1 中的红色曲线）分别低 1.5、1.8、1.8 和 1.6 点，季度之间差距不大，表明相关政策对装备制造业景气起到稳定的支撑作用。

2016 年与 2015 年相比，剔除随机因素的景气指数和未剔除随机因素的指数之间的差距更小，稳定性好。2015 年的指数是从第一季

---

[1] 季节因素是指四季更迭对数据的影响，如冷饮的市场销量随四季气温年复一年发生周期变动。

[2] 随机因素亦称不规则性，如新政策实施、宏观调控、自然灾害等因素对数据的影响。

度的93.6降到第四季度的92.5，降低1.1点，2016年的指数是从第一季度的92.3升到第四季度的92.5，升高0.2点，幅度小于2015年。2015年是"十二五"期间指数最低的年度。

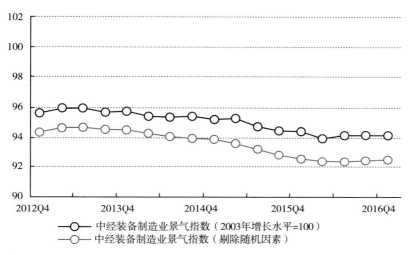

图1 中经装备制造业景气指数

2. 预警指数在"浅蓝灯区"运行

2016年四个季度的中经装备制造业预警指数分别为76.7、73.3、76.7和76.7，全年在偏冷的"浅蓝灯区"运行。2015年四个季度的中经装备制造业预警指数分别为73.3、76.7、73.3和73.3，在"浅蓝灯区"运行。2016年的预警指数稍高于2015年，运行在"浅蓝灯区"的上临界线，结束了"十二五"期间连续下滑的趋势。

在构成中经装备制造业预警指数的十个指标（仅剔除季节因素，保留随机因素）中，位于"绿灯区"的指标有三个，即生产者出厂价格指数、销售利润率和产成品资金（逆转）；位于"浅蓝灯区"的

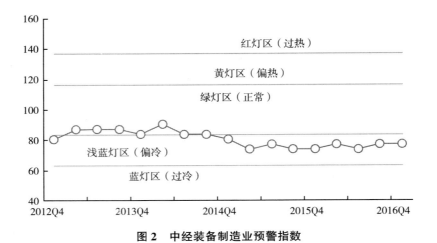

图 2　中经装备制造业预警指数

指标有五个，即出口额、从业人数、利润总额、主营业务收入和应收账款；生产合成指数两个季度位于"浅蓝灯区"，两个季度位于"绿灯区"；固定资产投资总额一个季度位于"浅蓝灯区"，三个季度位于"蓝灯区"。

从灯号变化来看，八个指标的灯号均维持不变，两个发生变化。

2016 年与 2015 年相比，有六个指标的灯号没有变化——出口额、生产者出厂价格指数、从业人数、产成品资金（逆转①）、主营业务收入和销售利润率；生产合成指数 2015 年和 2016 年前两个季度位于"浅蓝灯区"，后两个季度位于"绿灯区"；利润总额 2015 年第三季度是"蓝灯"，其余七个季度均是"浅蓝灯"；固定资产投资总额 2016 年第一季度是"蓝灯"，其余季度均是"浅蓝灯"；应收账款（逆转）2015 年第二、第三季度是"绿灯"，其余六个季度是"浅蓝灯"。

---

① 逆转指标也称反向指标，其指标值越低，行业状况越好；反之亦然。

指标名称	2014 年				2015 年				2016 年			
	1	2	3	4	1	2	3	4	1	2	3	4
装备制造业生产合成指数	绿	绿	绿	绿	蓝	蓝	蓝	蓝	蓝	绿	绿	
装备制造业出口额	蓝	蓝	蓝	蓝	蓝	蓝	蓝	蓝	蓝	蓝	蓝	蓝
装备制造业生产者出厂价格指数	绿	绿	绿	绿	绿	绿	绿	绿	绿	绿	绿	绿
装备制造业从业人数	绿	绿	绿	绿	蓝	蓝	蓝	蓝	蓝	蓝	蓝	蓝
装备制造业产成品资金（逆转）	绿	绿	绿	绿	绿	绿	绿	绿	绿	绿	绿	绿
装备制造业利润总额	绿	蓝	绿	绿	绿	蓝	蓝	蓝	蓝	蓝	蓝	蓝
装备制造业主营业务收入	绿	蓝	绿	绿	绿	绿	绿	绿	绿	绿	绿	绿
装备制造业销售利润率	绿	绿	绿	绿	绿	绿	绿	绿	绿	绿	绿	绿
装备制造业固定资产投资总额	蓝	蓝	蓝	蓝	蓝	蓝	蓝	蓝	蓝	蓝	蓝	蓝
装备制造业应收账款（逆转）	蓝	蓝	蓝	蓝	蓝	绿	绿	绿	蓝	蓝	蓝	蓝
预警指数	绿	绿	绿	绿	蓝	蓝	蓝	蓝	蓝	蓝	蓝	蓝
	90	83	83	80	73	77	73	73	77	73	77	77

图 3　中经装备制造业预警指数指标灯号

★灯号图说明：预警灯号图是采用交通信号灯的方式对描述行业发展状况的一些重要指标所处的状态进行划分：红灯表示过快（过热），黄灯表示偏快（偏热），绿灯表示正常稳定，浅蓝灯表示偏慢（偏冷），蓝灯表示过慢（过冷）；并对单个指标灯号赋予不同的分值，将其汇总而成的综合预警指数也同样由五个灯区显示，意义同上。

（二）装备制造业经营状况

1. 生产稳定增长

经初步季节调整①，2016 年四个季度我国装备制造业生产合成指数分别为 107.1、108.2、109.0 和 109.3（2015 年同期＝100），呈上升态势，扭转了 2015 年下降态势。与全部工业生产的平均增

---

①　初步季节调整指原始数据仅剔除春节等节假日因素的影响，未剔除不规则因素的影响。

长水平（四个季度分别为 5.4%、5.9%、6%和 6%）相比，装备制造业的生产增速高于工业平均水平。从各子行业来看，技术含量相对较高的电子设备（四个季度分别为 8.8%、8.8%、9.8%和 9.6%）、汽车（四个季度分别为 8.1%、10.4%、13.4%和 15.5%）两个子行业的同比增速，均高于装备制造业平均增长水平和全部工业平均增长水平；电气机械（四个季度分别为 8.2%、8.7%、8.8%和 8.6%）前两个季度高于装备制造业平均增长水平；仪器仪表（四个季度分别为 5.4%、7.3%、8%和 9%）高于全部工业平均增长水平。

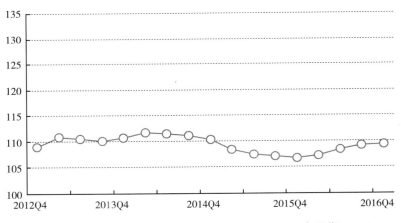

图4　2012~2016 年装备制造业生产合成指数（2015 年同期=100）

2016 年后三个季度生产合成指数均高于 2015 年水平，生产回升。从各子行业来看，2016 年专用设备的生产增速高于 2015 年同期水平；通用设备、汽车、电器机械、仪器仪表制造业 2016 年后三个季度的增速高于 2015 年同期水平，电子设备生产增速均基本保持稳定。

2. 主营业务收入平稳增长

经初步季节调整，2016 年四个季度装备制造业主营业务收入分别为 8.2、8.7、9.1 和 10 万亿元，收入缓慢增长，同比分别增长 4.5%、7.1%、8.5% 和 7.9%，呈上升态势，明显高于全部工业（四个季度分别为 1%、2.9%、3.6% 和 4.4%）的增长水平。在七个子行业中，占总体比重较高的运输设备、电子设备和电气机械制造业主营业务收入增长加快是推动装备制造业主营业务收入增速整体上升的主要动力，通用设备、专用设备和仪器仪表制造业增速稳定。

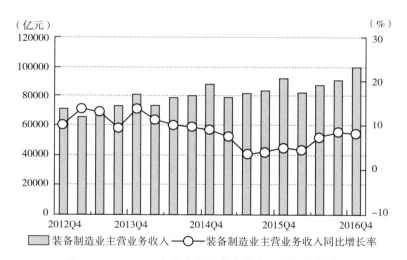

图5 2012~2016 年装备制造业主营业务收入及增速

2016 年与 2015 年相比较，销售收入各季度绝对数略高。从同比增速看，2015 年后三个季度数值高于 2015 年同期数值，2015 年的同比增速出现波动，2016 年则是上升的态势。

3. 出口额基本稳定，同比由降转增

经初步季节调整，2016 年四个季度装备制造业出口交货值分别为 1.7、1.8、1.8 和 2.0 万亿元，第一、第二季度同比分别下跌

6.5%和0.7%，第三、第四季度同比增速是3.4%和0%。装备制造业出口在经历五个季度下降后，2016年第三季度再次转为增长，这一方面受益于国外需求的有所回暖，另一方面与2015年同期基数较低也有一定关系（2015年第三季度出口同比下降2.8%）。

2016年四个季度，装备制造业出口交货值占主营业务收入的比重分别为20.4%、20.3%、20.3%和20.5%，呈微升态势。

从绝对数看，2016年只有第三季度的出口额高于2015年同期数值，其余三个季度均低于2015年同期数值。从同比增长率来看，2016年前两个季度的同比增速均低于2015年的同期数值，但2016年的同比增速是上升态势，2015年的同比增速是下降态势。

2016年四个季度的出口交货值占主营业务收入的比重均低于2015年同期的数值，2015年是下降态势，但2016年是微升态势。

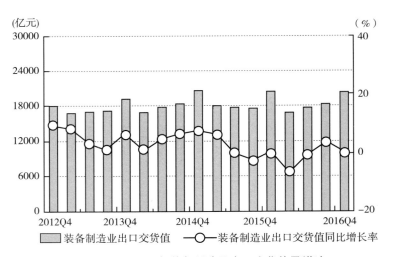

图6　2012~2016年装备制造业出口交货值及增速

4. 价格跌幅收窄

2016年四个季度的装备制造业生产者出厂价格同比分别下跌

1.4%、1.4%、1%和0.5%，跌幅已连续两个季度收窄。

2016年前两个季度的生产者出厂价格同比低于2015年同期的数值，后两个季度的生产者出厂价格同比高于2015年同期的数值；2015年价格跌幅呈扩大态势，是"十二五"期间价格下降幅度最大的年份，2016年的价格同比跌幅在收窄。

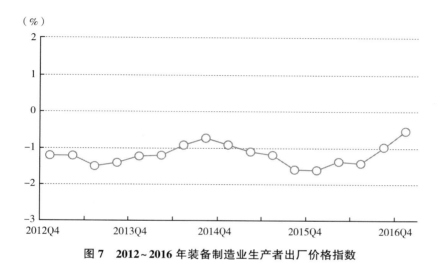

图7　2012~2016年装备制造业生产者出厂价格指数

5. 延续去库存进程

经初步季节调整，2016年各个季度末，装备制造业产成品资金分别为1.3、1.3、1.4和1.4万亿元，同比增长分别为2.6%、0%、0.5%和3%，增速呈微升趋势，分别低于主营业务收入增速1.9、7.1、8和4.9个百分点，差距呈波动趋势，表明装备行业延续去库存进程。

2016年各季度末的产成品资金均高于2015年同期水平；2016年各季度的同比增速均低于2015年同期水平。

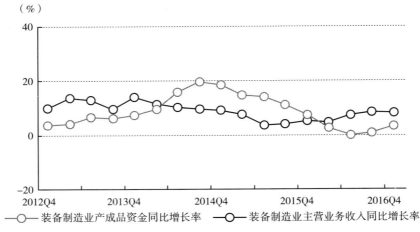

图8 2012~2016 年装备制造业产成品资金和主营业务收入增速对比

6. 利润总额增加较快，增速呈增长态势

经初步季节调整，2016 年四个季度装备制造业实现利润总额分别为 4257.9、5661.4、5587.2 和 6763.1 亿元，同比分别增长 8.8%、10.1%、13.1%和 9.1%，呈微增状态。这主要得益于占整体比重较高的电子设备和汽车制造业利润增长的加快，另外也与去年同期基数较低有关。其中，电气机械、汽车、电子设备制造业均快速增长，其他子行业利润也均保持一定程度的增长。

2015 年和 2016 年的同比增速均呈波动微增态势。2016 年各季度的利润总额均高于 2015 年同期数值，同比增长率也高于 2015 年同期数值。

2016 年四个季度装备制造业销售利润率分别为 5.2%、6.5%、6.2%和 6.8%，均高于全部工业销售利润率。其中，汽车制造业销售利润率仍最高，为 7.9%~8.6%；其余六个子行业销售利润率为 4.5%~8.0%。

2016 年的装备制造业销售利润率高于 2015 年的同期水平。2015 年是"十二五"期间装备制造业销售利润率最高的年度之一，

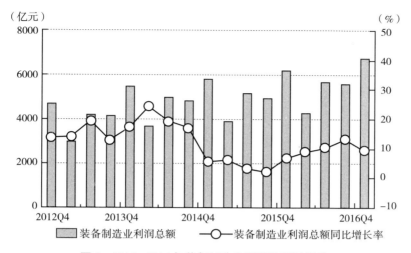

（亿元）   （%）

图9　2012~2016 年装备制造业利润总额及增速

2016 年高于 2015 年，说明 2016 年作为 "十三五" 开局之年装备制造业开端良好。

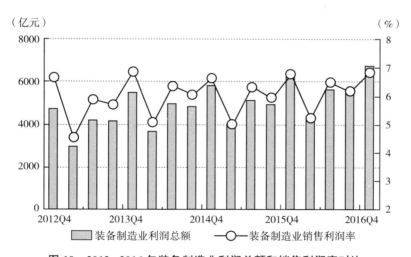

（亿元）   （%）

图10　2012~2016 年装备制造业利润总额和销售利润率对比

经初步季节调整，2016 年四个季度装备制造业亏损企业亏损总额分别为 1120.2、345.7、441.1 和 310.3 亿元，呈下降趋势；同比增长率分别为 9.7%、11.1%、−3.9%和−13.5%，呈快速下降趋势；亏损面分别为 22.9%、19.2%、17.1%和 14.9%，呈缩小态势。

从绝对数来看，2016 年第一、第二季度的装备制造业亏损企业亏损总额均高于 2015 年同期数值，第三、第四季度的装备制造业亏损企业亏损总额均低于 2015 年同期数值。从同比增长率来看，2016 年第一季度的数值高于 2015 年同期数值，后三个季度的数值低于 2015 年同期的数值。从亏损面来看，2016 年各季度的亏损面低于 2015 年同期数值。2015 年是"十二五"期间亏损面最大的年度，2016 年有所降低。

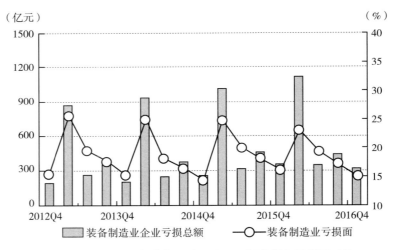

图 11　2012~2016 年装备制造业企业亏损总额和亏损面对比

7. 应收账款增加，回款压力仍然较大

经初步季节调整，2016 年各季度末，装备制造业的应收账款①

----

① 应收账款周转天数表示应收账款从发生到收回（即周转一次）的平均天数。一般来说，应收账款周转天数越短，则资金利用效率越高；反之则越低。计算公式为：90/（季度销售收入/平均应收账款）。

分别为 5.4、5.7、6 和 6.6 万亿元，呈增长态势，同比增长分别为 10.5%、11.4%、12% 和 12.5%，已连续五个季度上升，比主营业务收入增速分别高 6、4.3、3.5 和 4.9 个百分点，呈微降态势。各个季度装备制造业应收账款周转天数分别为 62、58、58 和 57 天，呈下降趋势。

2016 年各个季度末的应收账款额均高于 2015 年同期水平。2016 年第一季度应收账款同比增速略低于 2015 年同期水平，后三个季度均高于 2015 年同期水平。2016 年应收账款平均周转天数均高于 2015 年各季度同期水平，说明 2016 年的回款压力大于 2015 年。2015 年装备制造业应收账款平均周转天数是"十二五"期间最高水平，2016 年仍高于 2015 年，说明装备企业回款压力有所加大，装备行业的企业债务风险在不断累积。

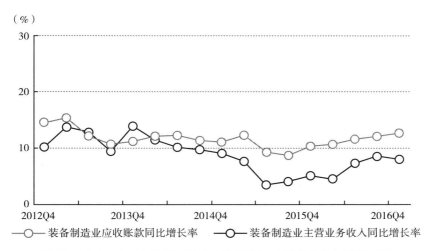

图 12　2012~2016 年装备制造业应收账款和主营业务收入增速对比

8. 投资额增加，增速明显下降

经初步季节调整，2016 年各个季度装备制造业固定资产投资总额分别为 0.79、1.74、1.9 和 1.8 万亿元，呈增长态势，同比增长率分别为 12.3%、5.4%、0%和 3%，呈下降态势。其中，与结构调整和转型升级密切相关的汽车、电气机械和电子设备制造业投资均保持了平稳较快增长。

2016 年各季度的投资均大于 2015 年同期水平，但是同比增速除了第一季度外均小于 2015 年同期水平。2016 年装备制造业固定资产投资的同比增长呈下降态势，2015 年呈微升态势。

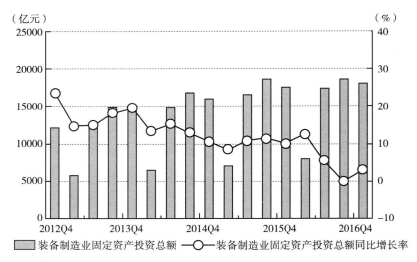

图 13　2012~2016 年装备制造业固定资产投资总额及增速

9. 从业人数降幅收窄

经初步季节调整，2016 年四个季度末，装备制造业从业人数分别为 2798、2841、2876 和 2919 万人，同比分别下降 3%、3%、2.4%和 1.8%。连续六个季度呈下降态势。用工的减少一定程度上与"机器替代人"等转型升级进展有关。

2016 年各季度装备制造业从业人数低于 2015 年同期水平；2016 年从业人数同比增速低于 2015 年同期水平。2015 年同比是下降态势，2016 年降幅有所收窄。2015 年是装备制造业在"十二五"期间唯一一个用工人数下跌的年份。2016 年继续下跌。

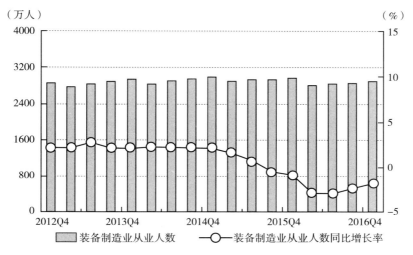

图 14　2012～2016 年装备制造业从业人数及增速

二、2016 年装备行业运行分析

（一）总体发展状况

装备制造业是我国的战略性产业，是各行业产业升级、技术进步的重要保障和国家综合实力的集中体现，具有产业关联度高、技术资金密集的特点，是"十三五"时期促进中国经济实现中高速增长、迈向中高端水平的强大引擎。装备制造业在"十二五"期间经历了增速换挡，保持低位运行，2016 年是我国"十三五"开局之年，我国装备制造业在总体上延续了平稳运行的态势，虽然预警指数仍处于偏冷的"浅蓝灯区"，但中经装备行业经济景气指数稳中有升。生产平稳增长，主营业务收入平稳快速增长；利润增速继续提升；价格降幅收窄，出口由降转增；延续去库存势头，应收账款增速继续上升；投资增速明显下降；用工继续减少，降幅收窄；亏损面大幅减少。虽然我国装备制造业继续保持了平稳运行的态势，但总体上依然处于低位运行的状态。

（二）运行特点及原因分析

经过改革开放多年的快速发展，中国装备制造业取得了令人瞩目的成就，从总量规模上看，我国已进入世界装备制造大国行列，一些产品的技术水平已接近或达到国际先进水平。2016 年我国装备行业经济运行平稳，结构持续优化，高端装备增长迅速。我国装备制造业总体延续平稳运行的态势，表现为行业发展稳健，转型升级成效显著，提质增效明显。

一是经济运行稳中有升。2016 年 1~9 月装备制造业相关企业累计主营业务收入 255630.1 亿元，累计同比增长 6.4%，比上年同期增速提高 2.1 个百分点。2016 年 1~10 月制造业工业增加值累计同比增长 6.9%，累计增速同比下降 0.1 个百分点。2016 年装备制造业主营业务收入占工业收入的比重比 2015 年提高 1 个百分点。装备制造业的快速发展和占比提高意味着工业结构的优化，我国工业正从工业化中期向后期过渡，主导产业也从重化工行业转向高技术、高附加值的制造业，尤其是高端装备制造业等。

二是产业结构继续优化。与结构调整和转型升级密切相关的电子设备、汽车和电气机械制造业增长势头强劲，工业机器人和通用航空成为两大领跑行业，产销和效益增速均维持高位，带动了行业整体景气度的回升，而部分产能过剩、高耗能和高污染行业增长不断放缓。

三是行业效益持续改善。装备制造业利润延续了加速增长的态势，其增速快于生产和销售增速，销售利润率也维持高位。装备制造业的利润增速、销售利润率高于工业利润增速和销售利润率。但是，装备制造业的应收账款增速仍高于主营业务收入增速，应收账款周转天数居高不下，企业债务风险较大。

三、2017 年行业发展前瞻

（一）装备行业景气和预警指数预测

展望 2017 年，装备行业将会呈现平稳运行趋势。继续实现快速增长和提质增效，引领工业经济健康发展仍然是装备行业发展的主要目标。经模型测算，预计 2017 年第一季度和第二季度装备制造业景气指数分别为 94.2 和 94.3，稍高于 2016 年第四季度水平。2017 年装备制造业第一季度和第二季度预警指数分别为 76.7 和 80.0，第一季度的预警指数与 2016 年第四季度持平；第二季度的预警指数高于第一季度 3.3 个百分点，但仍在偏冷的"浅蓝灯区"运行。

2016 年第四季度装备制造业企业景气调查结果显示，反映装备制造业企业家对 2017 年第一季度企业经营状况预测的预期指数为 117.5，比反映 2016 年第四季度企业经营状况的即期指数低 6.3 点。2016 年第四季度订货高于正常及正常的企业占 85.1%，比上季度上升 3.7 个百分点；企业用工计划增加比减少的企业比重高 0.2 个百分点，二者差值与上季度持平；企业投资计划增加比减少的企业比重低 8.7 个百分点，两者的"剪刀差"比上季度缩小 2.4 个百分点。

图 15　中经装备制造业景气指数预测

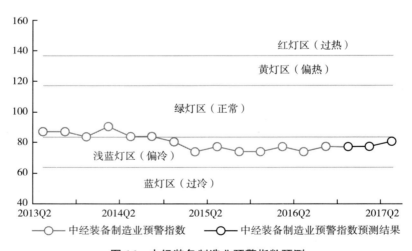

图 16　中经装备制造业预警指数预测

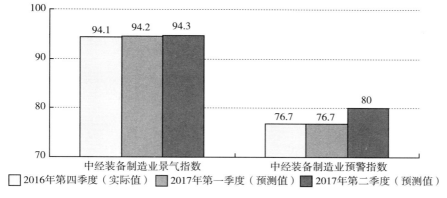

图 17　中经装备制造业景气和预警指数预测

（二）2017 年行业前景展望

2016 年是"十三五"开局之年，在"创新、协调、绿色、开放、共享"五大发展理念的指导下，我国装备制造业运行总体呈现稳中有升的趋势，"三去一降一补"成效显著，结构调整优化和效益提升效果明显，呈现出如下特点：

第一，在供给侧结构性改革和其他政策的推动下，装备行业市场需求有所回升，产销总体保持升势，出口由降转增，价格降幅持续收窄回升，去库存态势明显。第二，转型升级成效显著。代表高端制造和转型升级的电子设备、汽车和电气机械制造业增长势头强劲，产销维持高位，效益迅速增长，成为促进行业总体快速增长的主要动力。第三，行业效益改善，亏损面下降幅度较大，回款压力仍然较大。行业利润总体保持了快速增长态势，销售利润率明显增长。但是，应收账款增速持续上升，明显高于主营业务收入增速，回款压力仍然较大。

2017 年，继续推进供给侧结构性改革，加快装备行业的转型升级和提质增效仍然是重中之重。从国际市场来看，出口仍面临一定压力。世界经济弱复苏格局没有根本改变，美联储加息预期引发的国际资本流动和金融市场动荡进一步增加了世界经济走向的不确定性，国际贸易保护主义的抬头，装备制造业出口遭遇技术性、绿色环保、标准等贸易壁垒的倾向增多，出口持续回升的基础仍不牢固。从国内市场来看，受钢铁、水泥、石油、电力、航运等上游行业运行低迷的影响，装备产品的市场需求持续下降，工程机械、重型矿山机械、石化通用机械、船舶等相关行业的企业订单明显不足。从政策来看，在供给侧结构性改革和其他政策的推动下，装备制造业将继续主动作为，促进结构调整和转型升级，实现提质增效。综合来看，装备制造业景气指数 2017 年有望稳中有升。

（三）行业发展对策建议

2017 年，在"十三五"开局一系列政策的刺激下，我国装备工业下行压力将减小。尽管国际经济形势仍然严峻，但随着我国新的增长点、增长极、增长带逐步形成，国内经济将保持中高速增长，准备制造业的前景有望转暖。对此，提出如下建议：

以智能制造为主攻方向，推动两化深度融合。按照《智能制造发展规划（2016~2020）》的精神和要求，一是建立并实施专项行动计划，推行智能制造试点示范专项行动，将装备制造业同云计算和大数据有机结合，加大相关技术研发力度，提供从产品研发、工艺设计到制造、销售的一体化服务，建立相关技术平台，增加关键共性技术供给，加强核心技术研发，切实推进两化深度融合，实现高效、高附加值的智能制造。二是合理引导资金流向，将智能制造作为重点投资方向，吸引民间资本进行投资，组织实施智能机器人、增材制造等产业推进计划，为其提供有力的保障。

继续推进结构性改革，提供高质量的装备产品。提供高质量的产品是供给侧结构性改革的主攻方向，装备制造业应继续以需求为导向，加大科技研发和自主创新，走高端制造路线，加强智能制造水平，提供高质量的产品，将中国装备制造业从现在的中低端和生产、加工型制造提高到中高端和智能型制造，持续推动行业的提质增效。

加强对外交流合作，积极推动企业开拓国外市场。对外开放水平的提升有助于行业持续快速增长，应当着力推动装备自主品牌产品和自主知识产权的设备出口，扩大出口规模，提高产品附加值，加快改变中国代工和产品低档的国际形象。"一带一路"沿线国家和地区存在巨大市场空间，企业要抓住"一带一路"大战略的机遇，提前做好规划部署，积极构建"朋友圈"，创造条件主动跟进，争取使中国的装备制造业在实施新一轮战略中赢得先机。同时，政府相关部门应密切关注国外贸易政策调整等，并及时制定相应对策，争取主动，帮助企业积极应对国际贸易摩擦和反倾销调查等，为企业创造有利的生产和经营环境。

执笔人：刘建翠

中经产业景气指数 2016 年 IT 设备制造业年度分析

一、2016 年 IT 设备制造业运行状况[①]

（一）IT 设备制造业[②]景气状况

1. 景气指数明显上升

2016 年中经 IT 设备制造业景气指数[③]（2003 年增长水平＝100[④]）呈现明显上升趋势。经初步季节调整，2016 年第一至第四季度中经 IT 设备制造业景气指数分别为 94.5、94.5、95.0、95.0。

---

① 本部分的数据分析主要基于中经产业指数 2016 年第一至第四季度报告。

② IT 设备制造业包括计算机、通信和其他电子设备制造业。

③ 根据景气预警指数体系运算方法，行业景气指数、行业预警指数及预警灯号的构成指标要经过季节调整，剔除季节因素对数据的影响，在对包含当期数据的时间序列进行季节调整时历史数据的季节调整结果也将发生变化，因此行业景气指数、预警指数及预警灯号发布当期数据时，前期数据也会进行调整。

④ 2003 年中经 IT 设备制造产业的预警灯号基本上在绿灯区，相对平稳，因此定为中经 IT 设备制造业景气指数的基年。

在进一步剔除随机因素①后，2016 年中经 IT 设备制造业景气指数仍呈现明显上升趋势，且低于未剔除随机因素的景气指数。剔除随机因素后，2016 年第一至第四季度中经 IT 设备制造业景气指数分别为 94.2、94.2、94.6、94.8，分别低于未剔除随机因素的景气指数0.3 点、0.3 点、0.4 点、0.2 点，表明相关政策对 IT 设备制造业运行起到一定的支撑作用。

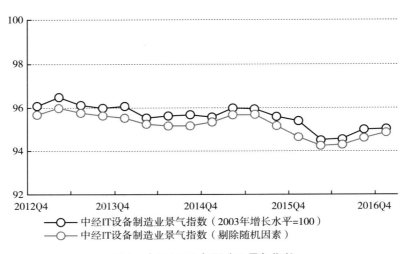

图 1　中经 IT 设备制造业景气指数

2. 预警指数保持稳定

2016 年中经 IT 设备制造业预警指数保持稳定，一直位于正常的"绿灯区"运行。经初步季节调整，2016 年第一至第四季度中经 IT 设备制造业预警指数分别为 83.3、83.3、86.7、86.7，IT 设备制造业仍继续在"浅蓝灯区"上临界线附近运行，预警灯号没有发生变化，一直位于正常的"绿灯区"运行。

---

① 随机因素亦称不规则性，如新政策实施、宏观调控、自然灾害等因素对数据的影响。

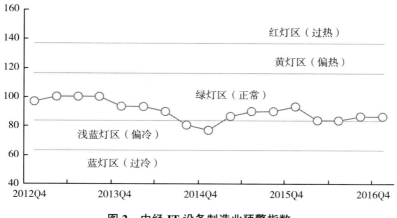

图 2　中经 IT 设备制造业预警指数

　　从灯号变化来看，在构成中经 IT 设备制造业预警指数的十个指标（仅剔除季节因素①，保留随机因素）中，工业增加值、利润总额、销售利润率和产成品资金（逆转②）的灯号没有发生改变，均处于正常的"绿灯区"；生产者出厂价格指数的灯号没有发生改变，一直位于偏热的"黄灯区"；从业人数的灯号也没有发生改变，一直位于过冷的"蓝灯区"；固定资产投资从第一季度正常的"绿灯"变为第二季度过冷的"蓝灯"，第三、第四季度又变为偏冷的"浅蓝灯"；出口额从第一季度过冷的"蓝灯"变为第二至第四季度偏冷的"浅蓝灯"；主营业务收入从第一、第二季度偏冷的"浅蓝灯"变为第三、第四季度正常的"绿灯"；应收账款（逆转）从第一季度偏冷的"浅蓝灯"变为第二季度正常的"绿灯"，第三、第四季度又回到了偏冷的"浅蓝灯"。

---

　　①　季节因素是指四季更迭对数据的影响，如冷饮的市场销量随四季气温年复一年发生周期变动。

　　②　逆转指标也称反向指标，其指标值越低，行业状况越好；反之亦然。

指标名称	2014 年				2015 年				2016 年			
	1	2	3	4	1	2	3	4	1	2	3	4
IT 设备行业工业增加值	绿	绿	绿	绿	绿	绿	绿	绿	绿	绿	绿	绿
IT 设备行业生产者出厂价格指数	绿	黄	黄	黄	黄	黄	绿	黄	黄	黄	黄	黄
IT 设备行业固定资产投资	绿	蓝	蓝	蓝	蓝	绿	绿	蓝	绿	蓝	蓝	蓝
IT 设备行业出口额	蓝	蓝	蓝	蓝	蓝	蓝	蓝	蓝	蓝	蓝	蓝	蓝
IT 设备行业主营业务收入	绿	绿	绿	绿	绿	绿	绿	绿	蓝	绿	绿	绿
IT 设备行业利润总额	绿	绿	绿	绿	绿	绿	绿	绿	绿	绿	绿	绿
IT 设备行业销售利润率	绿	绿	绿	绿	绿	绿	绿	绿	绿	绿	绿	绿
IT 设备行业从业人数	蓝	蓝	蓝	蓝	蓝	蓝	蓝	蓝	蓝	蓝	蓝	蓝
IT 设备行业产成品资金（逆转）	绿	蓝	蓝	蓝	蓝	蓝	绿	绿	绿	绿	绿	绿
IT 设备行业应收账款（逆转）	绿	绿	蓝	蓝	蓝	蓝	蓝	蓝	蓝	蓝	蓝	蓝
预警指数	绿	绿	绿	绿	绿	绿	绿	绿	绿	绿	绿	绿
	93	90	80	77	87	90	90	93	83	83	87	87

图 3　中经 IT 设备制造业预警指数指标灯号

★灯号图说明：预警灯号图是采用交通信号灯的方式对描述行业发展状况的一些重要指标所处的状态进行划分：红灯表示过快（过热），黄灯表示偏快（偏热），绿灯表示正常稳定，浅蓝灯表示偏慢（偏冷），蓝灯表示过慢（过冷）；并对单个指标灯号赋予不同的分值，将其汇总而成的综合预警指数也同样由五个灯区显示，意义同上。

（二）IT 设备制造业生产经营与投资状况

1. 生产增速明显上升

2016 年 IT 设备制造业生产增速明显上升。经初步季节调整①，2016 年第一至第四季度 IT 设备制造业工业增加值同比增速分别为 8.8%、8.8%、9.8%、9.6%，生产增速明显上升，且这一增速明显高于全部工业的平均增长水平。

---

① 初步季节调整指原始数据仅剔除春节等节假日因素的影响，未剔除不规则因素的影响。

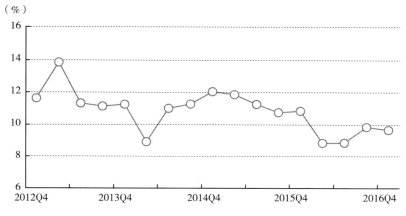

图 4　2012~2016 年 IT 设备制造业生产指数

2. 销售明显回暖

2016 年 IT 设备制造业主营业务收入呈现明显回暖趋势。经初步季节调整，2016 年第一至第四季度 IT 设备制造业主营业务收入分别为 2.2 万亿元、2.4 万亿元、2.5 万亿元、2.8 万亿元，同比增长率分别为 2.5%、8.0%、10.5%、7.9%。销售增速的回升主要与信息化进程加快带动相关 IT 产品的需求增加有关。

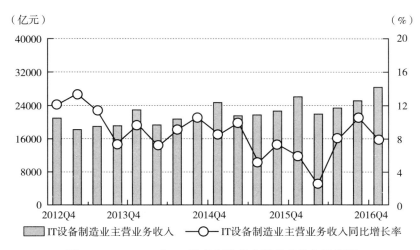

图 5　2012~2016 年 IT 设备制造业主营业务收入及增速

3. 出口降幅持续收窄

2016 年 IT 设备制造业出口降幅持续收窄。经初步季节调整，2016 年第一至第四季度 IT 设备制造业出口额分别为 808.8 亿美元、929.6 亿美元、975.4 亿美元、1207.8 亿美元，同比下降幅度分别为 16.6%、8.2%、5.5%、5.5%。可见，2016 年 IT 设备制造业出口额逐季增长，出口降幅持续收窄。此外，从 IT 设备制造业出口交货值来看，经初步季节调整，2016 年第一至第四季度 IT 设备制造业出口交货值同比分别下降 8.5%、4.0%、1.3%、0.9%，下降幅度也呈现持续收窄态势。

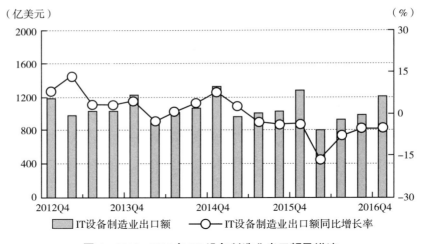

图 6　2012~2016 年 IT 设备制造业出口额及增速

4. 出厂价格温和下跌

2016 年 IT 设备制造业生产者出厂价格呈现温和下跌趋势。经初步季节调整，2016 年第一至第四季度 IT 设备制造业生产者出厂价格同比分别下降 1.7%、1.8%、1.6%、1.5%，降幅明显收窄，但仍处于温和下跌态势。

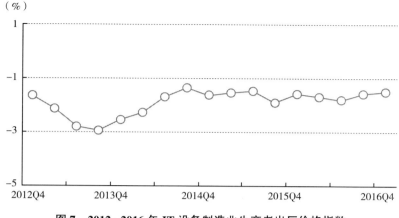

图7 2012~2016年IT设备制造业生产者出厂价格指数

5. 去库存进程加快

2016年IT设备制造业产成品资金增速明显下降，且明显低于主营业务收入同比增速，表明IT设备制造业去库存进程加快。经初步季节调整，2016年第一至第四季度IT设备制造业产成品资金分别为2847.9亿元、3038.6亿元、3125.7亿元、3091.0亿元，同比增速分别为2.4%、−2.3%、−1.3%、−2.1%。可见，自第二季度开始，IT设备制造业产成品资金同比增速即呈现负增长，库存同比下降一定程度上与去年同期基数较高有关。此外，自第二季度开始，产成品资金增速明显低于主营业务收入增速，表明IT设备行业去库存进程进一步加快。

6. 利润增速明显上升

2016年IT设备制造业利润增速明显上升，利润增长明显加快。经初步季节调整，2016年第一至第四季度IT设备制造业实现利润总额分别为799.2亿元、1333.5亿元、1202.5亿元、1762.0亿元，同比增长率分别为8.2%、16.6%、32.4%、14.0%。利润增长的明显加快，一定程度上与IT设备的产品结构升级以及信息化进程加快

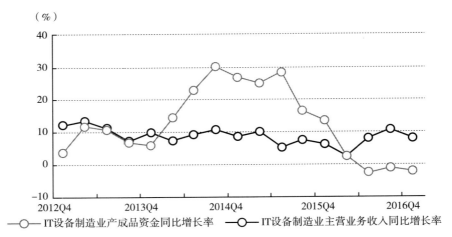

图 8 2012～2016 年 IT 设备制造业产成品资金和主营业务收入增速对比

带动相关 IT 产品需求增加有关。此外，经测算，2016 年第一至第四季度 IT 设备制造业销售利润率分别为 3.6%、5.7%、4.8% 和 6.2%，也呈现明显上升趋势。

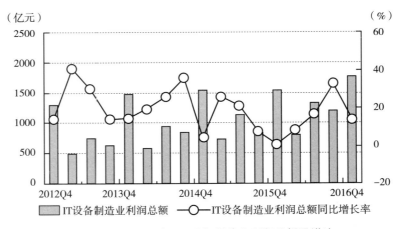

图 9 2012～2016 年 IT 设备制造业利润总额及增速

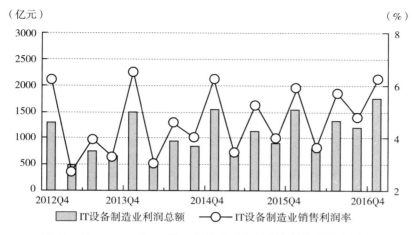

图 10   2012~2016 年 IT 设备制造业利润总额和销售利润率对比

7. 回款压力明显加大

2016 年 IT 设备制造业应收账款①增长明显，增速明显上升，企业回款压力加大。经初步季节调整，2016 年第一至第四季度 IT 设备制造业应收账款分别为 1.5 万亿元、1.6 万亿元、1.8 万亿元和 2.0 万亿元，同比增长率分别为 12.7%、12.1%、14.7% 和 17.7%。此外，应收账款增速已连续 11 个季度明显高于主营业务收入增速，表明 IT 设备制造业企业回款压力仍然较大。此外，经测算，2016 年第一至第四季度 IT 设备制造业应收账款周转天数分别为 65.7 天、59.8 天、60.9 天和 60.2 天。

8. 投资平稳增长

2016 年 IT 设备制造业固定资产投资总额呈现平稳增长趋势。经初步季节调整，2016 年第一至第四季度 IT 设备制造业固定资产投资总额分别为 1465.6 亿元、2628.6 亿元、2883.8 亿元、3026.1 亿

---

① 应收账款周转天数表示应收账款从发生到收回（即周转一次）的平均天数。一般来说，应收账款周转天数越短，则资金利用效率越高；反之则越低。计算公式为：90/（季度销售收入/平均应收账款）。

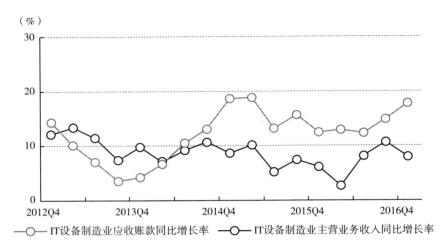

图 11　2012~2016 年 IT 设备制造业应收账款和主营业务收入增速对比

元，同比增长率分别为 21.0%、5.3%、15.8% 和 21.3%。第二季度增速比第一季度增速大幅下降了 15.7 个百分点，投资增速大幅下降与 2015 年同期基数较高有一定关系（2015 年同期投资增速高达 24.1%）。

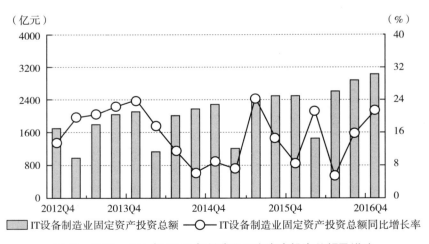

图 12　2012~2016 年 IT 设备制造业固定资产投资总额及增速

9. 用工降幅略有收窄

2016 年 IT 设备制造业从业人数缓慢增长，用工降幅略有收窄。经初步季节调整，2016 年第一至第四季度 IT 设备制造业从业人数分别为 802.7 万人、808.2 万人、834.5 万人和 840.4 万人，同比下降幅度分别为 5.4%、6.1%、4.3%和 3.7%。

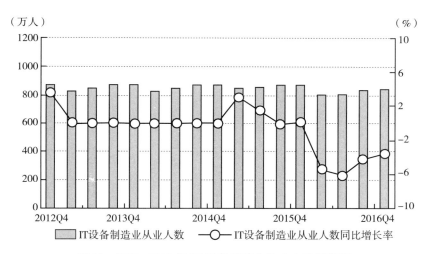

（万人）　　　　　　　　　　　　　　　　　　　　　　（%）

图 13　2012~2016 年 IT 设备制造业从业人数及增速

二、2016 年 IT 设备制造业运行分析

（一）总体运行情况

2016 年，面对错综复杂的国内外经济环境，在以习近平同志为核心的党中央坚强领导下，全国上下统筹推进"五位一体"总体布局和协调推进"四个全面"战略布局，坚持稳中求进工作总基调，坚持新发展理念，以推进供给侧结构性改革为主线，适度扩大总需

求，坚定推进改革，妥善应对风险挑战，引导形成良好社会预期，国民经济运行缓中趋稳、稳中向好，实现了"十三五"良好开局。初步核算，全年国内生产总值 744127 亿元，按可比价格计算，比上年增长 6.7%。工业生产平稳增长，企业效益明显好转，全年全国规模以上工业增加值比上年实际增长 6.0%，增速与前三季度持平；1～11 月，全国规模以上工业企业实现利润总额 60334 亿元，同比增长 9.4%，比前三季度加快 1.0 个百分点；规模以上工业企业主营业务收入利润率为 5.85%，同比上升 0.26 个百分点。固定资产投资缓中趋稳，全年固定资产投资（不含农户）596501 亿元，比上年名义增长 8.1%（扣除价格因素实际增长 8.8%），增速比前三季度回落 0.1 个百分点。市场销售平稳较快增长，全年社会消费品零售总额 332316 亿元，比上年名义增长 10.4%（扣除价格因素实际增长 9.6%），增速与前三季度持平。出口降幅收窄，进口由负转正，全年进出口总额 243344 亿元，比上年下降 0.9%，降幅比上年收窄 6.1 个百分点，其中，出口 138409 亿元，下降 2.0%；进口 104936 亿元，增长 0.6%。工业生产者价格月度同比由降转升，全年工业生产者出厂价格比上年下降 1.4%，自 9 月起结束连续 54 个月同比下降后，同比涨幅不断扩大，12 月同比上涨 5.5%，环比上涨 1.6%。供给侧结构性改革取得积极进展，经济结构继续优化，"三去一降一补"成效初显，钢铁煤炭行业圆满完成全年去产能任务，全年原煤产量比上年下降 9.4%；11 月末，规模以上工业企业产成品存货同比增长 0.5%，增速同比放缓 4.1 个百分点。经济持续转型升级，工业小微企业景气回升，第一至第四季度景气指数分别为 87.2、90.6、92.0、93.3。总的来看，2016 年国民经济运行保持在合理区间，发展的质量和效益提高，但国际国内经济环境依然错综复杂，经济稳中向好的基础尚不牢固。

在上述经济形势下，总体来看，2016 年 IT 设备制造业景气度明显上升，预警指数保持稳定，一直位于正常的"绿灯区"。其中，IT 设备制造业生产增速明显上升，明显高于全部工业的平均增长水平；受信息化进程加快带动相关 IT 产品需求增加影响，销售明显回暖；出口额逐季增长，出口降幅持续收窄；生产者出厂价格降幅明显收窄，但仍处于温和下跌态势；产成品资金增速明显下降，且明显低于主营业务收入同比增速，去库存进程加快；受 IT 设备产品结构升级以及信息化进程加快带动相关 IT 产品需求增加等影响，利润增速明显上升，利润增长明显加快；应收账款增长明显，增速明显上升，企业回款压力加大；固定资产投资总额呈现平稳增长趋势；从业人员缓慢增长，用工降幅略有收窄。

（二）运行特点分析

IT 设备制造业作为高技术产业，是工业经济增长的强大引擎，是加快工业转型升级及国民经济和社会信息化建设的技术支撑和物质基础，是国民经济的战略性、基础性和先导性产业，是保障国防建设和国家信息安全的重要基石。大力发展 IT 设备制造业符合当前我国经济结构调整和转型升级的要求。

从全球范围来看，电子信息产业是全球竞争的战略重点。由于电子信息产业具有集聚创新资源与要素的特征，仍是当前全球创新最活跃、带动性最强、渗透性最广的领域之一，不仅美国、日本、欧盟等主要发达国家和地区将发展电子信息产业提升到国家战略高度，抢占未来技术和产业竞争制高点，巴西、俄罗斯、印度等国家也纷纷着力发展电子信息产业，增长尤为迅猛，竞争在全球范围内更加激烈。可见，在全球电子信息推动发展产业竞争愈演愈烈的背景下，IT 设备制造业仍是全球电子信息产业竞争的重中之重。

"十二五"时期，IT 设备制造业抓住国家经济社会发展和国际产业转移的重大机遇，克服了国际金融危机带来的不利影响，积极推进结构调整，着力加强自主创新，实现了产业的稳步增长，对经济社会发展的支撑引领作用愈加凸显。当前，我国 IT 设备制造大国的地位进一步巩固，总体实力跃上新台阶，但是产业发展的深层次问题和结构性矛盾依然突出，主要表现为：关键核心技术受制于人，产业总体上仍处于价值链中低端，代工制造和加工贸易所占比重较高，研发投入强度与发达国家相比尚有差距，资源配置较为分散，产业政策环境亟待完善，内需带动机制尚未健全，等等。这些问题和矛盾制约着我国 IT 制造业由大变强，也促使我国 IT 设备制造业调结构、转方式、增强产业核心竞争力、提升产业发展质量效益。

总体来看，2016 年，IT 设备制造业运行主要呈现如下特点：一是产销状况良好，生产增速明显上升，明显高于全部工业的平均增长水平，受信息化进程加快带动相关 IT 产品需求增加影响，销售也明显回暖，在产销良好的状况下，去库存进程加快，产成品资金增速明显下降；二是效益提升较为明显，受 IT 设备产品结构升级以及信息化进程加快带动相关 IT 产品需求增加等影响，利润增速明显上升，利润增长明显加快；三是应收账款增长明显，增速明显上升，企业回款压力加大。

三、行业前瞻与对策建议

（一）IT 设备制造业景气和预警指数预测

2017 年，IT 设备制造业景气指数或将呈现稳中有升趋势，企业家对未来行业发展走势的判断比较谨慎。

经模型测算，2017 年第一、第二季度中经 IT 设备制造业景气指数分别为 95.0 和 95.1，2017 年第一季度与 2016 年第四季度持平，2017 年第二季度环比增加 0.1 点；2017 年第一、第二季度中经 IT 设备制造业预警指数均为 86.7，与 2016 年第四季度持平。

与此同时，企业家对未来行业发展走势的判断比较谨慎。2016 年第四季度，IT 设备制造业企业景气调查结果显示，企业家对 2017 年第一季度企业经营状况预测的预期指数为 119.0，比对 2016 年第四季度企业经营状况判断的即期指数低 6.4 点。2016 年第四季度接受调查的 IT 设备制造业企业中，86.0%的企业订货量高于正常或正常，比上季度上升 1.4 个百分点；88.9%的企业用工需求增加或持平，比上季度低 2.9 个百分点；81.6%的企业投资增加或持平，比上季度略高 0.2 个百分点。

图 14　中经 IT 设备制造业景气指数预测

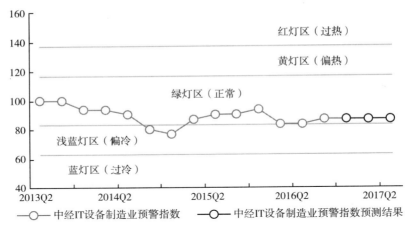

图 15　中经 IT 设备制造业预警指数预测

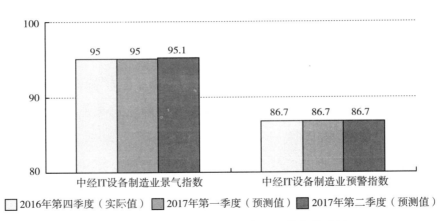

图 16　中经 IT 设备制造业景气和预警指数预测

（二）2017 年行业前景展望

从 IT 设备制造业国内外发展环境来看，2017 年 IT 设备制造业发展机遇与挑战并存，总体上或将呈现稳中有升的态势。

从宏观政策来看，供给侧结构性改革将继续深入推进，"三去一降一补"政策的落实，有助于行业去库存进程的加快和生产成本的

188

下降，加之提质增效和转型升级仍是经济工作的重点，为下一步的行业发展提供较好机遇。

从国内环境来看，一方面，我国当前虽处于增速放缓、结构升级和动力转换的经济新常态，但我国经济发展长期向好的基本面没有变，仍将保持平稳较快发展，但也面临着下行压力依旧较大、周期性矛盾和结构性矛盾相互叠加、短期问题和长期问题相互交织等问题，产业发展将面临更加复杂的形势；另一方面，国家信息化建设全面深化，城镇化进程持续加速，市场化进程不断提升，居民收入持续增长，为产业发展提供了新动力、新方向，IT 产品是市场消费热点，需求相对较为旺盛，有望继续上升。

从国外环境来看，一方面，国际市场规模稳步扩大，新产品、新应用不断涌现，产业发展空间更为广阔；另一方面，世界经济依旧处于危机后的弱复苏时期，全球贸易仍然低迷，IT 设备行业需求仍然疲弱，我国劳动力成本的刚性上升也不利于企业出口竞争力的提升，未来出口走势不确定性较大。

但与此同时，我们也看到，随着我国电子信息产业发展质量和技术水平的提升，外部的战略竞争将日趋激烈，IT 设备制造业发展也面临严峻挑战，生产成本不断上升，资源和环境承载力不断下降，周边国家和地区同质化竞争日益激烈，国际贸易保护势力抬头，以知识产权、低碳保护、产品安全为代表的技术性贸易限制措施被广泛使用，这些都对我国 IT 设备制造业持续稳定发展造成了一定的压力和挑战。

综合来看，2017 年 IT 设备制造业或将呈现稳中有升趋势，在供给侧结构性改革深入推进的背景下，IT 设备制造业结构调整、转型升级和实现提质增效的任务依然艰巨。

（三）行业发展对策建议

（1）积极推进线上线下销售平台融合。当前互联网技术的飞速发展催生了各类行业生产和销售的新模式，使得众多消费类行业销售出现了线上和线下两个市场。其中，IT 设备产品是网络销售的热点产品，受到了消费者的广泛青睐。因此，要充分利用线上消费具有的不受时空限制、交易品类主体容量大、交流互动和精准营销等优势，创新管理服务体制，建立与电子商务相适应的体制机制，鼓励商业模式创新，增强与消费者互动，发展服务式消费，提高协作水平。

（2）积极布局三、四线城市和农村市场。我国正处于新型城镇化发展的重要时期，面对大城市市场的日益饱和，三、四线城市及广大农村地区将成为 IT 产品需求的下一个增长点。应通过多种渠道，将线上和线下销售有机结合，充分利用三、四线城市和农村市场，提高区域市场占有率，赢得竞争先机。同时，应加速开发拓展欠发达以及偏远地区市场渠道，完善销售网络、物流网络布局，为当前和未来市场拓展打下基础。

（3）借消费升级增强品牌国际竞争力。当前，IT 设备制造业的国外需求依然不振，严重制约了总体需求的增长，也拉低了行业的景气度。因此，要充分利用消费结构升级的机遇，掌握消费者对于产品需求的新特点和新趋势，实现产品的多样化、多功能和稳定可靠。在这些方面，我国与国际先进水平相比仍然存在差距，提升产品的技术含量和品牌效应将是未来 IT 设备制造业竞争的重点之一。因此，应在生产的各个环节上，严把质量关，做到精细化生产，以此提高产品可靠性，增强品牌的国际竞争力，提振出口需求。

（4）大力发展智能制造提高生产效率。在我国劳动力"红利"逐渐消失的背景下，IT 设备制造业也面临着重要转型，对于人力的需求将逐渐减小，而对于机器和技术的需求将不断加大。其中，机器人的广泛使用为 IT 设备制造业生产效率的提升提供了难得机遇。因此，应通过国外技术引进和自主研发相结合，大力提升机器替代人力的水平，真正做到智能制造，以此提高企业的生产效率。

（5）加强创新驱动，夯实产业发展基础。IT 行业基本属于完全竞争行业，价格提升空间有限。与此同时，我国人口"红利"逐渐减弱，人工成本大幅上升，这在一定程度上削弱了行业的盈利能力。因此，要应以创新驱动提升行业制造的智能化程度，通过国外技术引进和自主研发相结合，大力提升机器替代人力的水平，避免缓解人工成本上升带来的不利影响，降低生产成本，进而扩大企业的利润空间。

（6）加强国际化布局，提升国际话语权。积极推动企业"走出去"，鼓励企业通过国际并购和国际研发团队引入获取高新技术，建立健全全球研发、生产和营销体系，加强国际资源利用，提升产业国际化布局和运营能力，扩大自主品牌国际影响力。充分发挥企业、协会、标准化组织等多方力量，积极参与国际技术合作研发、标准制度修订，加强专利合作，建立多层次、多渠道的沟通交流合作机制，提升产业国际话语权。

执笔人：朱承亮

中经产业景气指数 2016 年医药行业年度分析

一、2016 年医药行业运行状况①

(一) 医药行业②景气状况

1. 景气指数保持平稳

2016 年中经医药产业景气指数③ (2003 年增长水平＝100④) 保持稳定。经初步季节调整，2016 年第一至第四季度中经医药产业景气指数分别为 96.5、97.3、97.1、96.9。2014 年以来，中经医药

---

① 本部分的数据分析主要基于中经产业指数 2016 年第一至第四度报告。

② 医药行业包含医药制造业和医药制品制造业两个大类行业。

③ 根据景气预警指数体系运算方法，行业景气指数、行业预警指数及预警灯号的构成指标要经过季节调整，剔除季节因素对数据的影响，在对包含当期数据的时间序列进行季节调整时历史数据的季节调整结果也将发生变化，因此行业景气指数、预警指数及预警灯号发布当期数据时，前期数据也会进行调整。

④ 2003 年中经医药产业的预警灯号基本上在绿灯区，相对平稳，因此定为中经医药产业景气指数的基年。

产业景气指数延续了平稳运行态势，表明医药行业运营状况较为良好。

在进一步剔除随机因素①后，2016 年中经医药产业景气指数依然稳健，且低于未剔除随机因素的景气指数。剔除随机因素后，2016 年第一至第四季度中经医药产业景气指数分别为 95.7、96.1、96.0、95.8，分别比未剔除随机因素的医药产业景气指数低 0.8 点、1.2 点、1.1 点、1.1 点，表明政策性等外部因素对医药行业产生了一定的支撑作用。

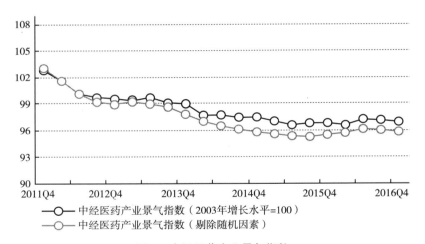

图 1　中经医药产业景气指数

2. 预警指数平稳运行

2016 年中经医药产业预警指数也呈现平稳运行态势，一直处于正常的"绿灯区"。经初步季节调整，2016 年第一至第四季度中经医药产业预警指数分别为 86.7、100.0、90.0、90.0，其中第二季度比第一季度上升了 13.3 点，回升至"绿灯区"中心线运行。总体

①　随机因素亦称不规则性，如新政策实施、宏观调控、自然灾害等因素对数据的影响。

来看，预警指数运行相对平稳，表明医药行业在转型升级中延续了积极向好的发展态势。

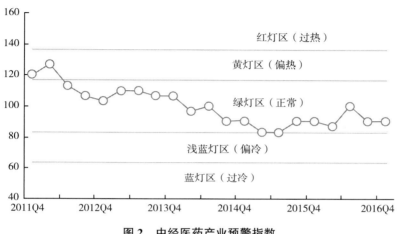

图 2　中经医药产业预警指数

　　从灯号变化来看，在构成中经医药产业预警指数的十个指标（仅剔除季节因素①，保留随机因素）中，工业增加值和利润总额从第一季度偏冷的"浅蓝灯"变为第二至第四季度正常的"绿灯"；生产者出厂价格指数、出口交货值、产成品资金（逆转②）和应收账款（逆转）的灯号没有发生改变，仍一直处于正常的"绿灯区"；销售利润率的灯号也没有发生改变，一直处于偏热的"黄灯区"；从业人员的灯号也没有发生改变，一直处于偏冷的"浅蓝灯区"；固定资产投资和主营业务收入的灯号变化具有一定的波动性，其中固定资产投资从第一季度偏冷的"浅蓝灯"变为第二季度正常的"绿灯"，第三、第四季度又变为过冷的"蓝灯"，主营业务收入从第一季度偏冷

---

　　①　季节因素是指四季更迭对数据的影响，如冷饮的市场销量随四季气温年复一年发生周期变动。
　　②　逆转指标也称反向指标，其指标值越低，行业状况越好；反之亦然。

的"浅蓝灯"变为第二季度的正常"绿灯",第三、第四季度又回到了偏冷的"浅蓝灯"。

指标名称	2014 年				2015 年				2016 年			
	1	2	3	4	1	2	3	4	1	2	3	4
医药行业工业增加值	黄	黄	绿	绿	绿	绿	绿	绿	蓝	绿	绿	绿
医药行业生产者出厂价格指数	绿	绿	绿	绿	绿	绿	绿	绿	绿	绿	绿	绿
医药行业固定资产投资	绿	绿	绿	绿	蓝	绿	蓝	蓝	蓝	绿	蓝	蓝
医药行业出口交货值	蓝	蓝	绿	蓝	蓝	绿	绿	绿	绿	绿	蓝	蓝
医药行业主营业务收入	绿	绿	绿	绿	绿	蓝	绿	绿	绿	绿	绿	蓝
医药行业利润总额	绿	绿	绿	绿	绿	蓝	绿	绿	绿	绿	绿	绿
医药行业销售利润率	黄	黄	绿	绿	黄	黄	黄	黄	黄	黄	黄	黄
医药行业从业人数	绿	绿	绿	绿	绿	蓝	蓝	蓝	蓝	蓝	蓝	蓝
医药行业产成品资金（逆转）	绿	绿	蓝	蓝	蓝	绿	绿	绿	绿	绿	绿	绿
医药行业应收账款（逆转）	蓝	绿	绿	绿	绿	绿	绿	绿	绿	绿	绿	绿
预警指数	绿	绿	绿	绿	绿	绿	绿	绿	绿	绿	绿	绿
	97	100	93	90	83	83	90	90	87	100	90	90

图 3　中经医药产业预警指数指标灯号

★灯号图说明:预警灯号图是采用交通信号灯的方式对描述行业发展状况的一些重要指标所处的状态进行划分:红灯表示过快(过热),黄灯表示偏快(偏热),绿灯表示正常稳定,浅蓝灯表示偏慢(偏冷),蓝灯表示过慢(过冷);并对单个指标灯号赋予不同的分值,将其汇总而成的综合预警指数也同样由五个灯区显示,意义同上。

(二)医药行业生产经营与投资状况

1. 生产增长明显加快

2016 年医药行业产量呈现明显加快趋势。经初步季节调整①,

---

① 初步季节调整指原始数据仅剔除春节等节假日因素的影响,未剔除不规则因素的影响。

2016 年第一至第四季度医药行业增加值同比分别增长 8.0%、10.2%、10.6%和 10.8%。可见，第二季度比第一季度高出 2.2 个百分点，第三季度比第二季度高出 0.4 个百分点，第四季度又比第三季度高出 0.2 个百分点。

图 4　2011~2016 年医药产业增加值同比增长率

2. 主营业务收入保持较快增长

2016 年医药行业主营业务收入呈现较快增长趋势。经初步季节调整，2016 年第一至第四季度医药行业主营业务收入分别为 6571.8 亿元、6969.9 亿元、7003.2 亿元、8066.7 亿元，同比增长率分别为 8.0%、12.4%、9.4%、9.0%。虽然主营业务收入总额增长明显，但从增速来看，仍处于 10%左右的相对历史低位，呈现温和增长趋势。

3. 出口明显增长

2016 年医药行业出口明显加快。经初步季节调整，2016 年第一至第四季度医药行业出口交货值分别为 194.8 亿元、577.6 亿元、928.1 亿元、1300.0 亿元，同比增长率分别为 6.6%、9.2%、

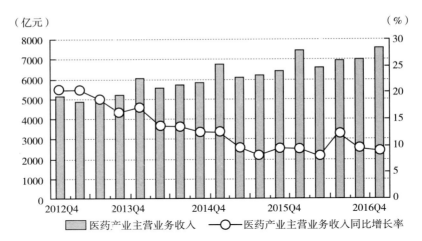

图5　2012~2016年医药产业主营业务收入及增速

8.0%、5.8%。在全部工业出口较为疲软的背景下，医药行业仍能保持较快增长，体现了医药行业具有一定的竞争优势。

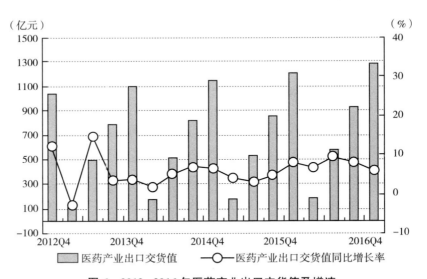

图6　2012~2016年医药产业出口交货值及增速

4. 出厂价格温和上涨

2016年医药行业生产者出厂价格呈现温和上涨趋势。经初步季节调整，2016年第一至第四季度医药行业生产者出厂价格同比分别上涨0.4%、0.3%、0.1%、0.6%，第二季度和第三季度呈现环比微度下降趋势，但第四季度环比增长0.5个百分点，总体上生产者出厂价格全年保持温和上涨趋势。医药行业价格长期保持温和上涨状态，表明市场需求相对平稳，运行态势良好。

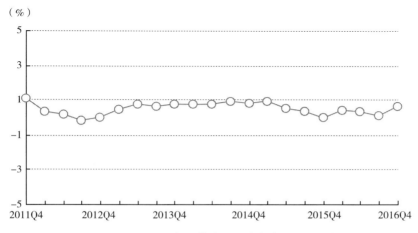

图7　2011~2016年医药产业生产者出厂价格指数

5. 库存增速明显下降

2016年医药行业库存增速明显下降。经初步季节调整，2016年第一至第四季度医药行业产成品资金呈现缓慢增长趋势，分别为1215.2亿元、1253.1亿元、1303.3亿元、1356.4亿元，但是同比增速明显下降，分别为13.0%、10.2%、9.7%、9.6%。2016年第二季度开始，医药行业产成品资金增速与销售收入增速相当，表明医药行业产成品库存处于正常状态。

6. 利润保持较快增长

2016年医药行业利润保持较快增长。经初步季节调整，2016年第一至第四季度医药行业利润总额增长明显，分别为673.8亿元、

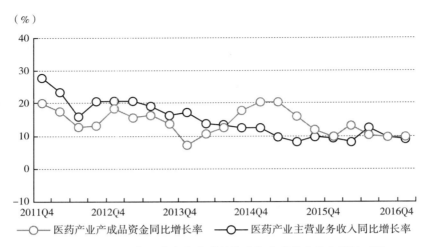

图 8 2011~2016 年医药产业产成品资金和主营业务收入增速对比

778.0 亿元、678.1 亿元、960.6 亿元，同比增长率分别为 10.1%、19.6%、11.3%、18.4%。经测算，2016 年第一至第四季度医药行业销售利润率分别为 10.3%、11.2%、9.7%、11.9%，明显高于全部工业平均销售利润率。近年来，医药行业销售利润率基本保持在 10% 左右，表明医药行业盈利能力较强。

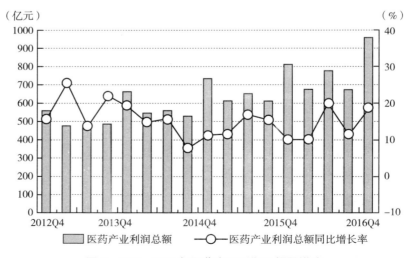

图 9 2012~2016 年医药产业利润总额及增速

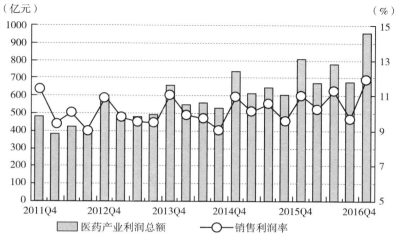

（亿元）　　　　　　　　　　　　　　　　　　　　（%）

图 10　2011~2016 年医药产业利润总额和销售利润率对比

医药产业利润总额　　—○—销售利润率

7. 应收账款温和上涨

2016 年医药行业应收账款①温和上涨。经初步季节调整，2016 年第一至第四季度医药行业应收账款呈现温和增长趋势，分别为 2956.7 亿元、3143.2 亿元、3305.9 亿元、3241.7 亿元，同比增长率分别为 10.9%、11.7%、11.8%、12.2%，高于主营业务收入同比增长率。经测算，2016 年第一至第四季度医药行业应收账款平均周转天数分别为 40.0 天、39.4 天、41.4 天、36.5 天。应收账款的温和上涨及其周转天数数据表明 2016 年医药行业回款压力依然较大。

8. 投资增速略有下降

2016 年医药行业固定资产投资增速略有下降。经初步季节调整，2016 年第一至第四季度医药行业固定资产投资总额分别为 1539.7

---

① 应收账款周转天数表示应收账款从发生到收回（即周转一次）的平均天数。一般来说，应收账款周转天数越短，则资金利用效率越高；反之则越低。计算公式为：90/（季度销售收入/平均应收账款）。

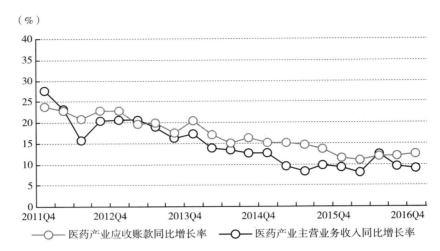

图 11　2011~2016 年医药产业应收账款和主营业务收入增速对比

亿元、1979.4 亿元、1722.6 亿元、1724.0 亿元，同比增长率分别为 10.2%、17.7%、−0.1%、7.2%。需要注意的是，2016 年第三季度医药行业投资增速呈现罕见的负增长，这与 2015 年第三季度投资额基数较大有关。

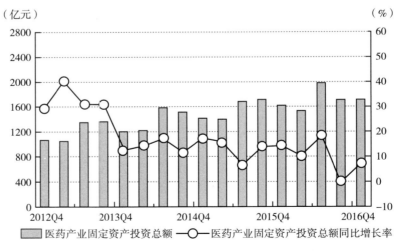

图 12　2012~2016 年医药产业固定资产投资总额及增速

9. 用工规模继续扩大

2016年医药行业从业人数温和增长，用工规模继续扩大。经初步季节调整，2016年第一至第四季度医药行业从业人数分别为215.9万人、219.2万人、221.5万人、224.9万人，同比增长率分别为2.0%、2.5%、2.1%、1.9%。可见，在销售收入和利润总额保持较快增长的态势下，医药企业的用工需求稳中有升。

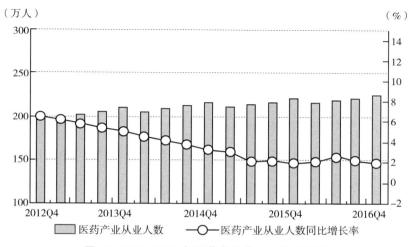

图13　2012~2016年医药产业从业人数及增速

二、2016年医药行业运行分析

（一）总体运行情况

2016年，面对错综复杂的国内外经济环境，在以习近平同志为核心的党中央坚强领导下，全国上下统筹推进"五位一体"总体布局和协调推进"四个全面"战略布局，坚持稳中求进工作总基调，坚持新发展理念，以推进供给侧结构性改革为主线，适度扩大总需求，坚定推进改革，妥善应对风险挑战，引导形成良好社会预期，国民经济运行缓中趋稳、稳中向好，实现了"十三五"良好开局。初步核算，全年国内生产总值744127亿元，按可比价格计算，比上年增长6.7%。工业生产平稳增长，企业效益明显好转，全年全国规模以上工业增加值比上年实际增长6.0%，增速与前三季度持平；1～11月，全国规模以上工业企业实现利润总额60334亿元，同比增长9.4%，比前三季度加快1.0个百分点；规模以上工业企业主营业务收入利润率为5.85%，同比上升0.26个百分点。固定资产投资缓中趋稳，全年固定资产投资（不含农户）596501亿元，比上年名义增长8.1%（扣除价格因素实际增长8.8%），增速比前三季度回落0.1个百分点。市场销售平稳较快增长，全年社会消费品零售总额332316亿元，比上年名义增长10.4%（扣除价格因素实际增长9.6%），增速与前三季度持平。出口降幅收窄，进口由负转正，全年进出口总额243344亿元，比上年下降0.9%，降幅比上年收窄6.1个百分点，其中，出口138409亿元，下降2.0%；进口104936亿元，增长0.6%。工业生产者价格月度同比由降转升，全年工业生产者出厂价格比上年下降1.4%，自9月起结束连续54个月同比下降后，同比涨幅不断扩大，12月同比上涨5.5%，环比上涨1.6%。供给侧结构性改革取得积极进展，经济结构继续优化，"三去一降一补"成效初显，钢铁煤炭行业圆满完成全年去产能任务，全年原煤产量比上年下降9.4%；11月末，规模以上工业企业产成品存货同比增长0.5%，增速同比放缓4.1个百分点。经济持续转型升级，工业小微企业景气回升，第一至第四季度景气指数分别为87.2、90.6、92.0、93.3。总的来看，2016年国民经济运行保持在合理区间，发展的质量和效益提高，但国际国内经济环境依然错综复杂，经济稳中向好的基础尚不牢固。

在上述经济形势下，总体来看，2016年医药行业景气度保持平稳，预警指数也运行平稳，一直处于正常的"绿灯区"，表明医药行业在转型升级中延续了稳中向好的发展态势。其中，生产增长明显加快；主营业务收入保持较快增长；出口明显增长，体现了医药行业具有一定的竞争优势；出厂价格温和上涨，市场需求相对平稳，运行态势良好；库存增速明显下降，产成品库存处于正常状态；利润保持较快增长，行业盈利能力较强；应收账款温和上涨，回款压力依然较大；投资增速略有下降；从业人员温和增长，用工规模继续扩大。

（二）运行特点分析

医药产业是支撑发展医疗卫生事业和健康服务业的重要基础，是具有较强成长性、关联性和带动性的朝阳产业，在惠民生、稳增长方面发挥了积极作用。大力发展医药产业，对于深化医药卫生体制改革、推进健康中国建设、培育经济发展新动力具有重要意义。根据中国医药工业信息中心发布的中国医药行业经济运行指数，医药制造业景气指数较高，前景乐观，具有抗经济波动的特征。

当前，全球医药科技发展突飞猛进，医药产业深刻调整变革，人民群众健康需求持续增长，都对医药行业转型升级提出了迫切要求。改革开放以来，随着人民生活水平的改善，我国居民对健康问题日益重视，医疗卫生服务需求显著提高，国内医药行业保持快速增长。预计到2020年，我国将成为仅次于美国的全球第二大药品市场，占全球医药市场份额有望达到7.5%。近年来，我国医药行业取得长足发展，产业规模快速增长，供给能力显著增强，但仍面临自主创新能力不强、产业结构不合理、市场秩序不规范等问题。

2016年是医疗改革风起云涌的一年，国务院、国家卫计委等部门相继颁布了多条政策法规，在医疗政策改革的推动下，医药行业正步入规范的"快车道"。比如，2016 年 2 月 26 日，国务院印发了《中医药发展战略规划纲要（2016～2030 年）》，提出到 2020 年，实现人人基本享有中医药服务，中医药产业成为国民经济重要支柱之一，该纲要明确了未来 15 年我国中医药发展方向和工作重点，是新时期推进我国中医药事业发展的纲领性文件，标志着中医药发展已列入国家发展战略。再如 2016 年 10 月 25 日，中共中央、国务院印发了《"健康中国 2030"规划纲要》，健康中国建设，从"五位一体"总体布局和"四个全面"战略布局出发，对当前和今后一个时期更好保障人民健康作出了制度性安排，为今后 15 年里的中国医疗健康产业的布局指明了方向。随着与"健康中国"相关的医药生物产业政策持续落地，医药行业也迎来了历史性发展机遇。从行业整体发展空间来看，目前中国健康产业占 GDP 的比重不到 5%，与发达国家相比差距仍较大。业内人士预计，到 2020 年，"健康中国"带来的健康产业投资规模有望达到 10 万亿元级别。总体来讲，在相关稳增长政策和供给侧结构性改革持续发力的背景下，2016 年医药行业景气延续了稳中向好的发展态势。

2016 年医药行业发展呈现如下主要特点：

（1）生产增长明显加快。根据工信部消费品工业司数据，2016 年 1~9 月，规模以上医药工业增加值同比增长 10.40%，增速较上年同期提高 0.40 个百分点，高于工业整体增速 4.40 个百分点。医药工业增加值在整体工业所占比重为 3.3%。

（2）销售保持较快增长。根据工信部消费品工业司数据，2016 年 1~9 月，医药工业规模以上企业实现主营业务收入 21034.14 亿元，同比增长 10.09%，高于全国工业整体增速 6.39 个百分点，增速较上年同期提高 1.04 个百分点。各子行业中，增长最快的是中药饮片加工，增速为 12.45%。

（3）利润保持较快增长。根据工信部消费品工业司数据，2016年1~9月，医药工业规模以上企业实现利润总额2200.97亿元，同比增长15.64%，高于全国工业整体增速7.24个百分点，增速较上年同期提高2.67个百分点。各子行业中，医疗仪器设备及器械制造的利润增长最快，增速达36.63%。

（4）出口明显加快。根据工信部消费品工业司数据，2016年1~9月，医药工业规模以上企业实现出口交货值1411.19亿元，同比增长8.16%，增速较上年同期提高4.66个百分点。

三、行业前瞻与对策建议

（一）医药行业景气和预警指数预测

2017年，中经医药行业景气指数或将呈现略有回落趋势，但仍将继续在正常的"绿灯区"运行，企业家对未来行业发展走势的判断较为稳定，总体来讲，2017年医药产业将有望保持平稳增长运行态势。

经模型测算，2017年第一、第二季度中经医药产业景气指数分别为96.6和96.7，分别比2016年第四季度低0.3点和0.2点。2017年第一二季度中经医药产业预警指数均为90.0，与2016年第四季度持平。

与此同时，企业家对未来行业发展走势的判断较为稳定。2016年第四季度医药产业企业景气调查结果显示，企业家对于2017年第一季度医药产业的预期水平保持稳定，反映医药产业企业家对2017年第一季度企业经营状况预测的预期指数为138.9，高于工业平均水平24.8个点，与对2016年第四季度企业经营状况判断的即期指数持平。由此，预计2017年第一季度医药产业运行将保持平稳增长态势。从指标上来看，2017 年第一季度医药产业的下游需求将保持稳定：订货持平的企业占比为 83.1%，订货增加企业占比为 9.4%，订货减少企业占比为 7.5%。医药企业的用工需求规模或将在 2017 年第一季度小幅扩张：用工计划持平企业占比为 82.4%，用工预期增加企业占比为 11.4%，高于减少企业 6.2%的比重。同时，医药产业企业的投资意愿依然不强。投资计划持平的企业占 71.4%，投资需求增加的企业占比为 13.7%，投资需求减少的企业占比为 14.9%。

图 14　中经医药产业景气指数预测

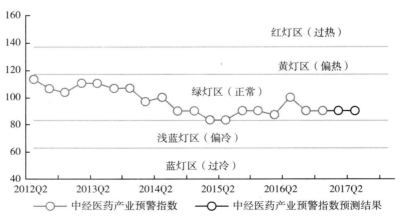

图 15　中经医药产业预警指数预测

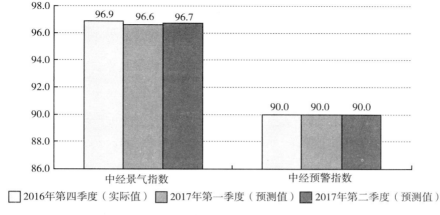

□ 2016年第四季度（实际值） ▨ 2017年第一季度（预测值） ▨ 2017年第二季度（预测值）

图 16　中经医药产业景气和预警指数预测

（二）2017 年行业前景展望

近年来，国家加强了对医药行业的管控，出台了医保控费、药占比控制、创新药上市审批时间缩短等系列政策，使处于竞争加剧过程中的医药行业呈现阶段性放缓趋势，迫使医药企业不得不放缓脚步，调整应对措施。一方面，可以扭转医药行业长期以来粗放式发展的局面，提升发展质量；另一方面，可以使医药行业促进技术沉淀，革新业务模式，增加企业参与市场竞争的砝码。

当前，医药行业逐步进入转型升级的结构调整期，如何抓住增速放缓的机遇，加快转型升级是医药行业未来发展面临的重要课题。为促进医药产业健康发展，在 2016 年的"十三五"开局之年，国家相继出台了一系列改革措施。2016 年 2 月 14 日，李克强总理主持召开了国务院常务会议，部署推动医药产业创新升级任务，更好地惠民生、稳增长，并确定进一步促进中医药发展措施，力求发挥传统医学优势造福人民。为推动提升我国医药产业核心竞争力，促进医药产业持续健康发展，2016 年 3 月国务院办公厅颁布了《关于促进医药产业健康发展的指导意见》，指出要推动医药产业智能化、服务化、生态化，实现产业中高速发展和向中高端转型，不断满足人民群众多层次、多样化的健康需求。为顺应新兴信息技术发展趋势，规范和推动健康医疗大数据融合共享、开放应用，2016 年 6 月国务院办公厅印发了《关于促进和规范健康医疗大数据应用发展的指导意见》，部署通过"互联网+健康医疗"探索服务新模式、培育发展新业态，努力建设人民满意的医疗卫生事业，为打造健康中国提供有力支撑。为深入推进医疗服务价格改革，2016 年 7 月，国家发展改革委会同国家卫生计生委、人力资源和社会保障部、财政部颁布了《关于印发推进医疗服务价格改革意见的通知》，对医疗服务价格实行分类管理。此外，《中医药发展战略规划纲要（2016～2030 年)》、《"健康中国 2030" 规划纲要》等政策规划也陆续发布。

药品定价改革、医保目录调整以及医保控费管理等举措，将长期利好行业发展，但在短期内会使得医药行业经历一定的"阵痛"。创新药上市审批时间缩短政策的落实、《中医药发展"十三五"规划》和《"健康中国 2030"规划纲要》等文件的出台，将为行业运行营造良好的发展环境。尤其是，在人口老龄化以及全民对健康重视程度上升的大背景下，医药行业仍具有可持续发展的潜力。综合来看，随着国家上述相关改革措施的不断落实，预计 2017 年度，医药行业将基本延续平稳向好的走势。

（三）行业发展对策建议

（1）优化产业结构，提升集约发展水平。当前我国医药企业的规模普遍偏小、产品同质化严重。应加大企业组织结构调整力度，推进企业跨行业、跨领域兼并重组，支持医药和化工、医疗器械和装备、中药材和中成药、原料药和制剂、生产和流通企业强强联合，形成上下游一体化的企业集团，真正解决小、散、乱问题。应以行业龙头企业为主，联合产品和技术相近的创新型企业、科研院所等单位，采取资金注入、技术入股等合作形式，组建产业联盟或联合体。发挥骨干企业资金、技术等优势，加强生产要素有效整合和业务流程再造，强化新产品研发、市场营销和品牌建设；发挥中小企业贴近市场、机制灵活等特点，发展技术精、质量高的医药中间体、辅料、包材等配套产品，形成大中小企业分工协作、互利共赢的产业组织结构。推动医药产业规模化、集约化、园区化，创建一批管理规范、环境友好、特色突出、产业关联度高的产业集聚区。引导有条件的地区，统筹利用当地医疗、中医药、生态旅游等优势资源，发挥旅游市场作用，开发建设一批集养老、医疗、康复与旅游于一体的医药健康旅游示范基地，进一步健全社会养老、医疗、康复、旅游服务综合体系。

（2）加强技术创新，提高核心竞争力。相对于发达国家医药企业来说，我国医药企业的研发投入严重不足，这在很大程度上限制了我国医药企业的科技发展和创新能力，导致国内医药企业只能靠大量的仿制药寻找生存空间。这与很多单位受短期利益驱使，不愿意开展药物作用原理及新药有效成分的深入研究有关，从而导致产品技术含量低，定性定量分析不够，影响了我国医药产业的持续发展和国际竞争力。因此，医药行业应聚焦于突破核心关键技术，加强技术创新，促进创新能力提升，增强产业核心竞争力；加大科技体制改革力度，完善政产学研用的医药协同创新体系；加强原研药、首仿药、中药、新型制剂、高端医疗器械等创新能力建设，优化科技资源配置，打造布局合理、科学高效的科技创新基地；运用数据库、计算机筛选、互联网等信息技术，建设医药产品技术研发、产业化、安全评价、临床评价等公共服务平台；积极发展众创空间，大力推进大众创新创业，培育一批拥有特色技术、高端人才的创新型中小企业，推动研发外包企业向全过程创新转变，提高医药新产品研制能力。

（3）深化对外合作，扩展国际发展空间。加快开发国际新兴医药市场，调整优化医药产品出口结构。加强中医药对外文化交流，提高国际社会认知度，增强中药国际标准制定话语权，推动天然药物、中成药等医药产品出口。鼓励推动国内医药企业建设符合国际质量规范的生产线，提高国际化生产经营管理水平。鼓励国内医药企业申请国外专利，形成有效的国外专利布局。贯彻落实"一带一路"战略，着眼全球配置资源，加快"走出去"步伐，加快国际合作步伐。采用多种合作形式，推动医药优势企业开展境外并购和股权投资、创业投资，建立海外研发中心、生产基地、销售网络和服务体系，获取新产品、关键技术、生产许可和销售渠道，加快融入国际市场，创建一批具有国际影响力的知名品牌。推动跨国公司在华建设高水平的医药研发中心、生产中心、采购中心，加快产业合作由加工制造环节向研发设计、市场营销、品牌培育等高附加值环节延伸，提高国际合作水平。

执笔人：朱承亮

中经产业景气指数 2016 年服装行业年度分析

一、2016 年服装行业运行状况[①]

（一）服装行业[②]景气状况

1. 景气指数温和下降

2016 年中经服装产业景气指数[③] （2003 年增长水平＝100[④]） 呈现温和下降趋势。第一至第四季度景气指数分别为 96.0、95.8、

———————————

① 本部分的数据分析主要基于中经产业指数 2016 年第一至第四季度报告。

② 服装行业指国民经济行业分类中的纺织服装制造业，指以纺织面料为主要原料，经裁剪后缝制各种男、女服装，以及儿童成衣的活动，包括非自产原料制作的服装，以及固定生产地点的服装制作。

③ 根据景气预警指数体系运算方法，行业景气指数、行业预警指数及预警灯号的构成指标要经过季节调整，剔除季节因素对数据的影响，在对包含当期数据的时间序列进行季节调整时历史数据的季节调整结果也将发生变化，因此行业景气指数、预警指数及预警灯号发布当期数据时，前期数据也会进行调整。

④ 2003 年中经服装产业的预警灯号基本上在绿灯区，相对平稳，因此定为中经服装产业景气指数的基年。

95.6、95.3，同比分别下降 1.0 点、0.7 点、0.7 点、0.9 点，环比分别下降 0.2 点、0.2 点、0.2 点、0.3 点。

图1　中经服装产业景气指数

在进一步剔除随机因素①后，2016 年中经服装产业景气指数仍呈现下降趋势，且低于未剔除随机因素的景气指数。剔除随机因素后，第一至第四季度景气指数分别为 95.0、94.8、94.5、94.2，比未剔除随机因素的景气指数分别低 1.0 点、1.0 点、1.1 点、1.0 点。四个季度的剔除随机因素后与未剔除随机因素景气指数之差相当，表明稳增长的相关政策对服装行业运行起到了稳定的支撑作用。

2. 预警指数保持稳定

2016 年中经服装产业预警指数保持稳定，仍处于偏冷的"浅蓝灯区"，预警灯号没有发生显著变化。第一至第四季度，中经服装产业预警指数分别为 73.3、70.0、73.3 和 73.0。从季度差异来看，仅第二季度的预警指数略有下降，从第一季度的 73.3 下降到 70.0，

---

①　随机因素亦称不规则性，如新政策实施、宏观调控、自然灾害等因素对数据的影响。

环比下降 3.3 点，但是第三、第四季度的预警指数又回升至了第一季度水平。虽然 2016 年中经服装产业预警指数整体处于偏冷的"浅蓝灯区"，但是从年度差异和趋势来看，与 2015 年各季度相比，预警指数呈现同比下降趋势，分别降低 16.7 点、10.0 点、6.7 点和 6.7 点。

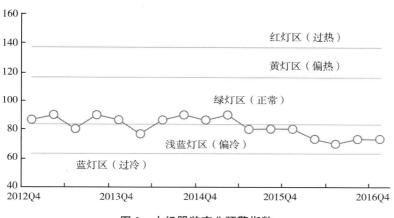

图 2　中经服装产业预警指数

从灯号变化来看，2016 年在构成中经服装产业预警指数的十个指标（仅剔除季节因素①，保留随机因素）中，服装行业产量从第一、二季度偏冷的"浅蓝灯"变为第三、第四季度正常的"绿灯"；利润总额从第一季度正常的"绿灯"变为第二至第四季度偏冷的"浅蓝灯"；主营业务收入和应收账款（逆转②）一直位于偏冷的"浅蓝灯区"；销售利润率从第一季度偏热的"黄灯"变为第二至第四季度正常的"绿灯"；从业人数和固定资产投资总额一直处于过冷的"蓝灯区"；生产者出厂价格指数和产成品资金（逆转）一直处于正常的

---

① 季节因素是指四季更迭对数据的影响，如冷饮的市场销量随四季气温年复一年发生周期变动。

② 逆转指标也称反向指标，其指标值越低，行业状况越好；反之亦然。

"绿灯区";出口额从第一季度过冷的"蓝灯"变为第二至第四季度偏冷的"浅蓝灯"。

指标名称	2014 年				2015 年				2016 年			
	1	2	3	4	1	2	3	4	1	2	3	4
服装产量	蓝	绿	绿	蓝	绿	蓝	蓝	蓝	蓝	蓝	绿	绿
服装行业利润总额	蓝	绿	绿	绿	绿	蓝	蓝	蓝	蓝	蓝	蓝	蓝
服装行业主营业务收入	绿	绿	绿	绿	绿	蓝	蓝	蓝	蓝	蓝	蓝	蓝
服装行业销售利润率	绿	绿	绿	黄	绿	绿	绿	绿	黄	绿	绿	绿
服装行业从业人数	蓝	蓝	蓝	蓝	蓝	蓝	蓝	蓝	蓝	蓝	蓝	蓝
服装行业固定资产投资总额	蓝	蓝	蓝	蓝	蓝	蓝	蓝	蓝	蓝	蓝	蓝	蓝
服装行业生产者出厂价格指数	绿	绿	绿	蓝	绿	绿	绿	绿	绿	绿	绿	绿
服装出口额	蓝	蓝	绿	绿	蓝	蓝	蓝	蓝	蓝	蓝	蓝	蓝
服装行业产成品资金（逆转）	绿	绿	绿	绿	绿	绿	绿	绿	绿	绿	绿	绿
服装行业应收账款（逆转）	绿	绿	绿	绿	绿	绿	绿	绿	绿	绿	绿	绿
预警指数	蓝	绿	绿	绿	蓝	蓝	蓝	蓝	蓝	蓝	蓝	蓝
	77	87	90	87	90	80	80	80	73	70	73	73

图 3　中经服装产业预警指数指标灯号

★灯号图说明：预警灯号图是采用交通信号灯的方式对描述行业发展状况的一些重要指标所处的状态进行划分：红灯表示过快（过热），黄灯表示偏快（偏热），绿灯表示正常稳定，浅蓝灯表示偏慢（偏冷），蓝灯表示过慢（过冷）；并对单个指标灯号赋予不同的分值，将其汇总而成的综合预警指数也同样日五个灯区显示，意义同上。

（二）服装行业生产经营与投资状况

1. 生产平稳增长

2016 年服装行业产量呈现平稳增长趋势。经初步季节调整①，第

---

①　初步季节调整指原始数据仅剔除春节等节假日因素的影响，未剔除不规则因素的影响。

一至第四季度服装行业产量分别为 62. 11 亿件、74. 36 亿件、81. 34 亿件和 84. 52 亿件，同比增速分别为 1. 90%、1. 74%、3. 51%和 4. 19%。服装行业生产的平稳增长主要受市场需求平稳运行的影响。

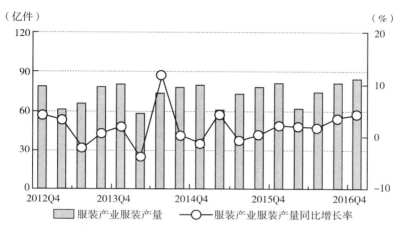

图 4　2012~2016 年服装产业服装产量及增速

2. 销售增速持续下滑

2016 年服装行业主营业务收入呈现缓慢增长趋势，但销售增速持续下滑，表明服装市场总体需求仍然较为低迷。经初步季节调整，第一至第四季度服装行业主营业务收入分别为 5492. 57 亿元、5374. 95 亿元、5953. 75 亿元和 6349. 25 亿元，同比分别增长 5. 98%、5. 77%、5. 37%和 4. 38%。值得关注的是，2016 年第四季度服装行业主营业务收入同比增速低于 5%，这是近年来的历史新低，说明服装行业的国内外需求增长仍较为低迷。

3. 出口增速先升后降

2016 年服装行业出口增速先升后降，出口呈现持续低迷状态。经初步季节调整，第一季度服装行业出口额为 424. 5 亿美元，同比下滑 16. 7%；第二季度出口额为 331. 6 亿美元，同比增长 8. 8%；第

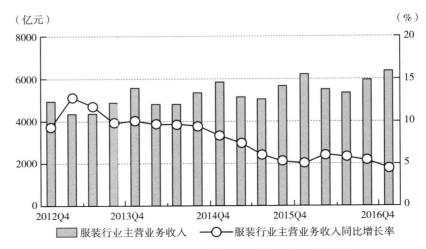

图5 2012~2016年服装产业主营业务收入及增速

三季度出口额为475.8亿美元，同比下滑9.7%；第四季度出口额为382.6亿美元，同比下滑14.8%。服装出口的大幅下降主要是受对俄罗斯、日本、欧盟和东盟等地区出口下降的影响，而服装出口的回升主要得益于对美国和中东、拉美以及非洲等新兴市场出口的较快增长，但总体来看服装行业国外需求仍较低迷。

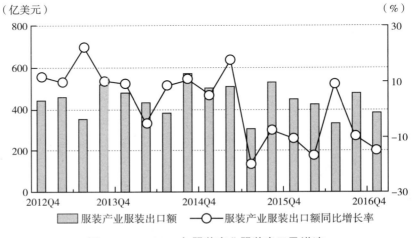

图6 2012~2016年服装产业服装出口及增速

4. 出厂价格温和上涨

2016 年服装行业生产者出厂价格呈现温和上涨趋势。第一至第四季度服装行业生产者出厂价格同比分别上涨 0.3%、0.5%、0.5%、0.5%。

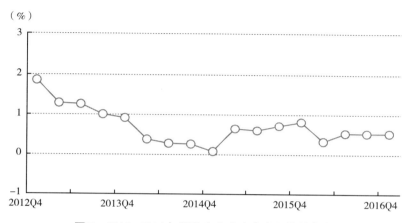

（%）

图 7   2012~2016 年服装产业生产者出厂价格指数

5. 延续去库存进程

2016 年服装行业产成品资金虽呈现增长态势，但库存增速明显下降，一定程度上表明服装行业去库存压力略有缓解。经初步季节调整，第一至第四季度服装行业产成品资金分别为 906.74 亿元、958.97 亿元、1027.35 亿元、1041.50 亿元，呈现逐季增长趋势，但是从其同比增速来看，第一至第四季度服装行业产成品资金同比增速分别为 6.3%、7.4%、4.8%、1.6%，除了第二季度增速略有上升之外，总体趋势下降明显，年末比年初要低出 4.7 个百分点。尤其是在第三、第四季度服装行业去库存进程明显，虽然库存突破千亿元大关，但是同比增速下降明显，且季度库存增速明显要低于产品销售收入增速，在第四季度两者相差 2.8 个百分点，表明 2016 年服装行业去库存压力有所减小，延续了去库存进程。

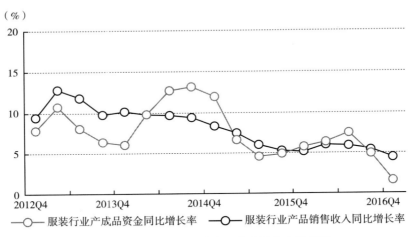

图 8　2012~2016 年服装产业产成品资金及增速

6. 利润增速持续下降

2016 年服装行业销售利润率呈现先降后升趋势。经测算，第一至第四季度服装行业销售利润率分别为 5.39%、5.23%、5.13% 和 6.15%，总体呈现先降后升态势。与此同时，服装行业实现利润总额呈现明显增长趋势，但利润增速持续下降。经初步季节调整，第一至第四季度服装行业实现利润总额分别为 296.2 亿元、281.2 亿元、305.6 亿元、390.7 亿元，同比分别增长 11.5%、4.6%、4.5%、-1.2%。可见，受行业销售利润率上升等因素影响，2016 年服装行业利润总额呈现明显增长态势，但是受市场需求依然低迷等因素影响，行业利润总额同比增长率呈现逐季下滑趋势，第四季度呈现负增长。

（亿元）

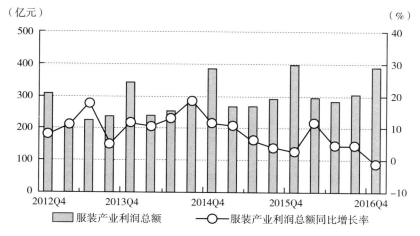

图9　2012~2016年服装产业利润总额及增速

（亿元）

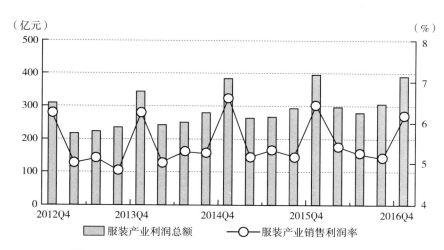

图10　2012~2016年服装产业利润总额和销售利润率对比

7. 回款压力加大

2016年服装行业应收账款①持续上涨，增速也明显上升，且增速要明显高于主营业务收入同比增速，表明行业的回款压力不断加

---

　　①　应收账款周转天数表示应收账款从发生到收回（即周转一次）的平均天数。一般来说，应收账款周转天数越短，则资金利用效率越高；反之则越低。计算公式为：90/（季度销售收入/平均应收账款）。

大。经初步季节调整，第一至第四季度服装行业应收账款分别为1647.7 亿元、1706.5 亿元、1897.6 亿元和 2024.8 亿元，同比分别增长 11.8%、12.3%、12.0% 和 13.5%，增速比主营业务收入同比增速分别高出 5.8 个百分点、6.5 个百分点、6.6 个百分点和 9.1 个百分点。从回款速度来看，经测算，2016 年应收账款平均周转天数为 27.8 天，比 2015 年增加 1.5 天。应收账款增速明显上升以及周转天数的大幅增加，表明 2016 年服装行业回款压力不断加大。

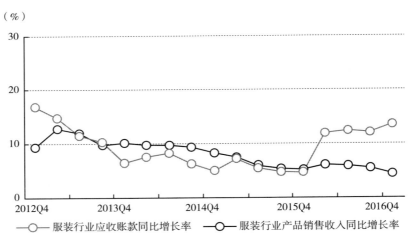

图 11   2012~2016 年服装产业应收账款和销售收入增速对比

8. 投资低速温和增长

2016 年服装行业固定资产投资总额呈现低速温和增长趋势。经初步季节调整，第一季度服装行业固定资产投资总额为 511.7 亿元，同比增长 7.6%；第二季度服装行业投资规模迅猛扩大，固定资产投资总额高达 1256.9 亿元，同比增长 2.7%；第三季度服装行业投资继续呈现温和扩张趋势，固定资产投资额为 1386.1 亿元，同比增长

4.9%；第四季度服装行业投资规模和投资增速出现双双回落态势，固定资产投资总额回落至 1353.5 亿元，同比增长 3.9%。可见，与之前处于 10%甚至 20%以上的高位投资增速相比，2016 年服装行业投资整体处于低速增长状态。

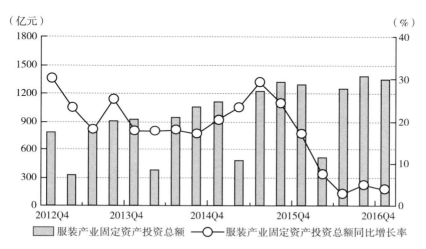

图 12　2012~2016 年服装产业固定资产投资总额及增速

9. 用工继续减少

2016 年服装行业从业人员缓慢增长，但用工增速明显下降，一直维持同比负增长态势。经初步季节调整，第一至第四季度服装行业从业人员分别为 406.0 万人、411.6 万人、413.2 万人和 416.5 万人，同比分别下降 2.6%、2.4%、3.3%和 3.3%。服装行业用工增速的持续下降，表明服装行业产业结构升级和"机器替代人"的趋势在增强。

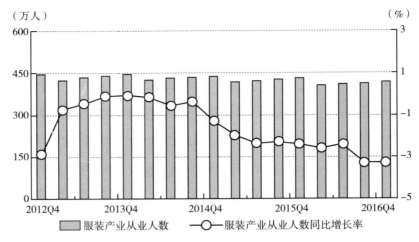

图13　2012～2016年服装产业从业人数及增速

二、2016年服装行业运行分析

（一）总体运行情况

2016年，面对错综复杂的国内外经济环境，在以习近平同志为核心的党中央坚强领导下，全国上下统筹推进"五位一体"总体布局和协调推进"四个全面"战略布局，坚持稳中求进工作总基调，坚持新发展理念，以推进供给侧结构性改革为主线，适度扩大总需求，坚定推进改革，妥善应对风险挑战，引导形成良好社会预期，国民经济运行缓中趋稳、稳中向好，实现了"十三五"良好开局。初步核算，全年国内生产总值744127亿元，按可比价格计算，比上年增长6.7%。工业生产平稳增长，企业效益明显好转，全年全国规模以上工业增加值比上年实际增长6.0%，增速与前三季度持平；1～11月，全国规模以上工业企业实现利润总额60334亿元，同比增长

9.4%，比前三季度加快 1.0 个百分点；规模以上工业企业主营业务收入利润率为 5.85%，同比上升 0.26 个百分点。固定资产投资缓中趋稳，全年固定资产投资（不含农户）596501 亿元，比上年名义增长 8.1%（扣除价格因素实际增长 8.8%），增速比前三季度回落 0.1 个百分点。市场销售平稳较快增长，全年社会消费品零售总额 332316 亿元，比上年名义增长 10.4%（扣除价格因素实际增长 9.6%），增速与前三季度持平。出口降幅收窄，进口由负转正，全年进出口总额 243344 亿元，比上年下降 0.9%，降幅比上年收窄 6.1 个百分点，其中，出口 138409 亿元，下降 2.0%；进口 104936 亿元，增长 0.6%。工业生产者价格月度同比由降转升，全年工业生产者出厂价格比上年下降 1.4%，自 9 月起结束连续 54 个月同比下降后，同比涨幅不断扩大，12 月同比上涨 5.5%，环比上涨 1.6%。供给侧结构性改革取得积极进展，经济结构继续优化，"三去一降一补"成效初显，钢铁煤炭行业圆满完成全年去产能任务，全年原煤产量比上年下降 9.4%；11 月末，规模以上工业企业产成品存货同比增长 0.5%，增速同比放缓 4.1 个百分点。经济持续转型升级，工业小微企业景气回升，第一至第四季度景气指数分别为 87.2、90.6、92.0 和 93.3。总的来看，2016 年国民经济运行保持在合理区间，发展的质量和效益提高，但国际国内经济环境依然错综复杂，经济稳中向好的基础尚不牢固。

在上述经济形势下，总体来看，2016 年服装行业景气度呈现温和下降态势，预警指数保持稳定，仍处于偏冷的"浅蓝灯区"。其中，受市场需求平稳运行的影响，服装行业生产平稳增长；销售增速持续下滑，服装市场总体需求仍然较为低迷；出口增速先升后降，服装行业国外需求仍较低迷；出厂价格温和上涨；延续去库存进程，服装行业去库存压力略有缓解；受市场需求依然低迷、原材料成本快速上升等因素影响，利润增速持续下降，第四季度呈现负增长；应收账款增速明显上升，周转天数大幅增加，服装行业回款压力加大；投资告别之前 10% 甚至 20% 以上的高位增长，投资低速温和增长；产业结构升级和"机器替代人"的趋势在增强，用工继续减少。

（二）运行特点及原因分析

服装行业是典型的劳动密集型行业和资金密集型行业，具有规模产量大、运营流程长、流行周期短、关联产业多、水平结构差等特点。我国是世界上最大的服装消费国，同时也是世界上最大的服装生产国。目前，国产服装品牌数量超过 6 万个，包括男装、女装、运动装、休闲、内衣、家居服等。服装品牌的产品模式根据款式与数量的关系可分为四类：款少量少、款多量少、款多量多、款少量多。随着时代发展，服饰除了满足基本的保暖和装饰性需求外，更重要的是体现个人的时尚品位、个性和社会地位，因此产品的更新周期加快，价格、品质、款式设计的区隔度变大，存在大量的长尾、个性化需求，即"小而美"。

表1 服装行业的产品模式

款少量少：	款多量少：
"例外"是款少量少的代表，力求在高档环境中以少量的货品制造精致和稀缺感，再配以高素质的员工，以一对一甚至多对一的形式提供售前售后的全方位服务	代表品牌：Zara。单季新品款式繁杂，种类多到超出大部分单个门店的陈列容量；相应同款库存被压缩，畅销款式的热卖型号甚至会出现短时间内断货的现象。设计团队、规模效应和物流成熟度等因素制约着试图效仿者
款多量多：	款少量多：
国内大众女装品牌受益于对三、四线市场的深度渗透，采取款多量多的模式。市场反应速度较快，翻新速度贴近国际快时尚品牌，定价亲民。一旦业务需求降低，会面临库存风险	代表品牌：优衣库。一年的总体 SKU 数量不过 800，其中很大比例为基本款，即那些消费群广大、消费者回购次数多的款式。每 3~4 年企业研发团队会开发一系列有主打概念的新产品，这类明星产品能畅销 5 年以上，不需要品牌追逐流行趋势

从 2016 年服装行业运行情况来看，2016 年服装行业发展呈现出如下特点：首先，服装行业景气度继续趋缓，自 2015 年第二季度以来景气指数持续小幅下降，行业发展的内生动力不足；其次，国外需求稳定性较差，出口波动幅度较大，出口增速先升后降，出口下降一定程度导致了主营业务收入增长放缓；再次，原材料成本的快速上升影响行业盈利水平，利润增速持续下降，在第四季度甚至为负增长；最后，行业应收账款增速上升，周转天数延长，回款压力加大，需要引起重视。

2016 年服装行业呈现上述运行特点，与下列因素有关：一是成本费用持续上升。根据中国服装协会对服装企业运营成本专项调查结果，服装企业运营成本逐步上升，其中劳动力成本上升最快，尤其是缝纫工用工成本近十年来持续提高，社保金额增长较快。成本费用的持续上升，挤压了服装行业的利润空间。二是内销市场动力不足。随着居民收入水平不断提高，城乡居民的消费内容和消费模式都在发生较大变化，个性化、多元化的消费需求逐步取代数量化、同质化，日益成为新的消费趋势特征，消费者将更加注重服装产品的时尚性、功能性和生态安全性，内销市场总体呈现出复杂多变的局面，然而内需支撑行业发展的动力不足，这主要与服装企业应对消费需求变革的调整速度和效率尚不能与市场需求变化相匹配有关。三是国外市场需求稳定性差。2016 年我国服装出口增速波动较大，表明国外需求稳定性较差，这一方面与世界经济复苏步伐缓慢、国际市场需求不足有关，另一方面也说明在国际服装贸易格局重塑过程中，随着我国服装行业传统比较优势逐渐减弱，东南亚国家纷纷凭借成本优势、关税优势挤占我国的国际市场份额，出口份额正在被以越南、孟加拉等为代表的后发国家挤占。

综上所述，经济新常态下，受成本费用持续上升、内销市场动力不足、国际市场需求稳定性差等多种因素叠加作用，服装行业景气度有所降低，产品需求持续减弱，行业发展面临的任务更显紧迫和艰巨，深化结构调整和转型升级成为下一步行业持续稳定发展的重要途径。

三、行业前瞻与对策建议

（一）服装行业景气和预警指数预测

2017年服装行业景气指数或将呈现微弱回升趋势，但仍处于偏冷的"浅蓝灯区"，且企业家对未来行业发展走势的判断不容乐观。经模型测算，2017年第一季度和第二季度的中经服装产业景气指数分别为95.2和95.4，呈现微弱回升趋势；中经服装产业预警指数分别为73.3和73.3，与2016年第四季度持平，仍处于偏冷的"浅蓝灯区"。

与此同时，企业家对未来行业发展走势的判断不容乐观。2016年第四季度，服装行业企业景气调查结果显示，企业家对2017年第

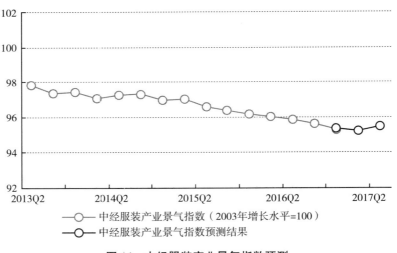

图14　中经服装产业景气指数预测

一季度企业经营状况预测的预期指数为 105.3，比对 2016 年第四季度企业经营状况判断的即期指数低 6.3 点。分指标来看，2016 年第四季度接受调查的服装行业企业中，84.9% 的企业订货量高于正常或正常，比上季度高 0.6 个百分点；86.5% 的企业用工需求增加或持平，比上季度低 3.3 个百分点；82.3% 的企业投资增加或持平，比上季度上升 0.8 个百分点。

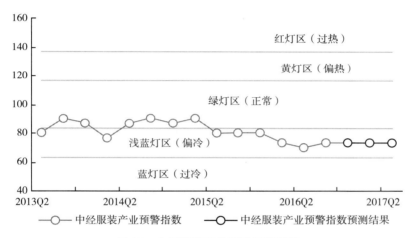

图 15　中经服装产业预警指数预测

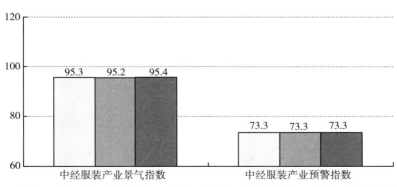

图 16　中经服装产业景气和预警指数预测

（二）2017 年行业前景展望

从服装行业国内外发展环境来看，2017 年服装行业发展机遇与挑战并存，总体上或将呈现企稳回升的态势，但依然面临下行压力。

从国内环境来看，新常态下宏观经济下行压力继续存在，生产、投资和消费等宏观指标增速压力有增无减，服装行业的国内需求提振仍面临较大压力。从宏观政策来看，2017 年供给侧结构性改革将持续推进，"去产能、去库存、去杠杆、降成本、补短板"仍是政府经济工作的重点，受此影响服装行业库存压力有望缓解，生产成本也有望有所下降。未来国家出台针对服装行业的强刺激性政策的可能性较小，在供给侧改革发力的背景下，供给侧政策的推出将促使服装企业根据市场需求制定产能计划，且对淘汰落后产能、促进产业升级有较大帮助，有助于行业的长期可持续发展。此外，网络销售新业态的快速发展为行业提供了持续的新增长点。总体来看，2017 年服装需求增长将相对较为稳健。

从国外环境来看，虽受"一带一路"战略实施影响，我国服装对韩国、阿联酋、菲律宾、以色列、约旦、伊朗等部分新兴市场的出口有望实现快速增长，新的出口市场正在开拓和培育，但世界经济总体仍处于金融危机后的深度调整之中，除美国外其他发达国家复苏步伐缓慢，国际市场需求仍将低迷。与此同时，发达国家制造业回归、其他新型经济体低成本劳动力优势的显现以及我国劳动力成本的刚性上升，也一定程度削弱了我国服装出口的比较优势，我国在国际市场面临的贸易保护和竞争压力进一步加大，订单向外转移的趋势明显。总体来看，2017 年服装出口增长仍具有较大不确定性。

（三）行业发展对策建议

（1）转变发展模式，向智能化绿色化转型。作为传统制造行业的服装行业，应该积极步入"工业 4.0"时代，拥抱"互联网+"，利用大数据、云计算、物联网以及移动互联网等，向智能化绿色化的中高端制造的变革转型。工业 4.0 和互联网将服装业从单纯生产制造和批发零售带入创新时代。3D 打印、数字化车间、智能穿戴、智能分拣系统、立体仓储系统、3D 试衣、智能门店、全渠道销售等新技术将引领服装业走向变革。服装行业应加速转型升级，转换增长动力，实现提质增效。随着我国在低碳环保方面的监管标准及任务要求更趋严格，将对服装行业发展形成一定制约，因此，应主动作为，努力实现服装制造的绿色化转型。

（2）降低生产成本，提高企业核心竞争力。近年来，随着劳动力和原材料等生产成本不断上升，服装行业面临的生产成本不断上升的问题越来越严峻，一定程度上削弱了服装出口的比较优势，挤压了行业的盈利空间。面对劳动力成本和原材料成本不断上升以及国际市场的冲击，企业提高技术含量，用机器和技术代替简单的人力，实现自动化，已是必然趋势。只有这样，才能不断改善生产效率，提升盈利水平，提高核心竞争力，实现可持续发展。

（3）借助新型业态，积极开拓国内市场。传统服装业长期作为劳动密集型和资金密集型产业，存在生产水平低下、产品同质化严重、品牌知名度不高等一系列问题，无法满足消费者对时尚、潮流、品质和定制化的诉求。随着大数据和智能制造的出现，全面对接消费者成为一种可能，这也使国内服装业转型成"互联网+"势在必行。互联网的发展催生了许多新型业态，在"互联网+"的驱动下，产品个性化、定制批量化、流程虚拟化、工厂智能化、物流智慧化等都将成为新的热点和趋势。服装行业应积极探索，主动作为，利用互联网的创新模式，围绕国内大型纺织服装产业集聚带，构建以服装原料和网上电子交易中心为核心业务，集交易、仓储、物流、金融、信息等配套服务于一体的综合性公共服务平台。以此开拓新的市场，满足消费者的个性化需求，形成新的增长动力。

（4）借助"一带一路"，积极培育新兴市场。在世界经济复苏步伐缓慢、国际市场需求仍然低迷的背景下，"一带一路"战略的实施为服装行业出口增长提供了重大机遇，尤其是所涉及的广大新型经济体和发展中国家，市场潜力巨大，是出口需求的潜在增长点。我国服装对韩国、阿联酋、菲律宾、以色列、约旦、伊朗等部分新兴市场的出口正在开拓和培育。面对日趋激烈的国内外品牌竞争，服装行业在加强技术创新的同时，应抓住"一带一路"等相关国家政策机遇，在国际市场合理配置资源，积极培育海外新兴市场。

（5）加强研发创新，不断提高产品附加值。鼓励服装企业加大研发创新力度，用先进工艺技术装备逐步替代落后的工艺设备，提高产品的风格档次和附加值，着力培育一批具有创新意识和品牌效应的龙头企业。既要着力做好开发、生产、销售和管理工作，提高产品档次，建立起从原材料到产品的一系列整体的开发体系，又要加强同国内外知名企业在技术上的合作，学习和借鉴其在产品开发方面的经验。

执笔人：朱承亮

中经产业景气指数 2016 年文体娱乐用品制造业年度分析

一、2016 年文体娱乐用品制造业运行情况①

（一）2016 年文体娱乐用品制造业景气状况

1. 景气指数继续下行

尽管略有波动，但 2016 年中经文体娱乐用品制造业②景气指数呈现下降趋势。2016 年第一季度，中经文体娱乐用品制造业景气指数为 99.0③（2003 年同期水平 = 100④），较上一季度提高 1 点；从

---

① 本部分数据和分析主要基于中经产业指数 2016 年第一至第四季度报告。

② 文体娱乐用品制造业包括文教办公用品制造、乐器制造、工艺美术品制造、玩具制造和游艺器材及娱乐用品制造行业五个大类行业。

③ 根据景气预警指数体系运算方法，行业景气指数、行业预警指数及预警灯号的构成指标要经过季节调整，剔除季节因素对数据的影响，在对包含当期数据的时间序列进行季节调整时历史数据的季节调整结果也将发生变化，因此行业景气指数、预警指数及预警灯号发布当期数据时，前期数据也会进行调整。

④ 2003 年文体娱乐用品制造业的预警灯号基本上在绿灯区，相对平稳，因此定为文体娱乐用品制造业景气指数的基年。

第二季度开始连续两个季度环比下行，第二季度和第三季度中经文体娱乐用品制造业景气指数分别为 98.7 和 98.0，分别比 2015 年同期下降 0.6 点和 1.1 点；连续下降之后，第四季度相对平稳，中经文体娱乐用品制造业景气指数为 98.0，与第三季度持平，但仍处于近年来的低位。进一步剔除随机因素[①]，中经文体娱乐用品制造业景气指数依然呈现下降态势。2016 年四个季度，中经文体娱乐用品制造业景气指数分别为 100.3、100.3、100.0、99.7，环比持续下降，与 2015 年同期相比分别下降 0.9、0.4、0.2 和 0.4 点。同时，剔除随机因素中经文体娱乐用品制造业景气指数明显高于未剔除随机因素的指数，而且两者的"剪刀差"整体呈现加大趋势，政策因素在一定程度上对文体娱乐用品制造业发展造成了制约。

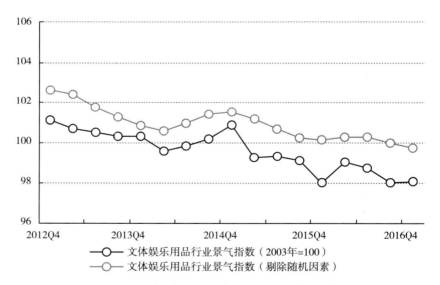

图 1　2012~2016 年中经文体娱乐用品制造业景气指数

---

① 随机因素亦称不规则性，如新政策实施、宏观调控、自然灾害等因素对数据的影响。

2. 预警指数在正常的"绿灯区"运行

2016 年，中经文体娱乐用品制造业预警指数"高开低走"，但各季度均处于正常的"绿灯区"。2016 年第一季度，中经文体娱乐用品制造业预警指数大幅回升，达到 103.3，比 2015 年第四季度上升 13.3 点，创 2013 年以来的最高值；从第二季度开始，中经文体娱乐用品制造业预警指数出现回调，并保持平稳运行，第二至第四季度中经文体娱乐用品制造业预警指数均为 93.3，分别比 2015 年同期下降 3.4、3.4 和−3.3 点。在构成文体娱乐用品制造业预警指数的十个指标（仅剔除季节因素①，保留随机因素）中，多数指标处于偏冷或过冷状态。其中，工业增加值延续 2015 年第四季度过冷"蓝灯"状态；主营业务收入虽然第一季度略有好转，但第二至第四季度均表现为过冷"蓝灯"；出口交货值四个季度均维持在偏冷"浅蓝灯"状态；固定资产投资在连续两年多"绿灯"之后，第二季度下降到偏冷的"浅蓝灯"，第三季度达到过冷的"蓝灯"，第四季度有所回调，但仍处于偏冷状态；前三季度产成品资金（逆转②）延续 2015 年以来的"黄灯"，第四季度转为正常的"绿灯"；应收账款（逆转）第一季度出现"红灯"状态，后三季度均处于"黄灯"；生产者出厂价格第三季度由上半年的正常状态转变为偏热的"黄灯"，第四季度则呈现过热的"红灯"；行业利润总额前三季度均表现为正常的"绿灯"，但第四季度则下降为偏冷的"浅蓝灯"，而主营业务利润率已经连续八个季度表现为过热的"红灯"；相比之下，从业人数表现平稳，从 2015 年开始一直处于正常的"绿灯"状态。

---

① 季节因素是指四季更迭对数据的影响，如冷饮的市场销量随四季气温年复一年发生周期变动。

② 逆转指标也称反向指标，其指标值越低，行业状况越好；反之亦然。

指标名称	2014 年				2015 年				2016 年			
	1	2	3	4	1	2	3	4	1	2	3	4
文体娱乐用品行业工业增加值	绿	蓝	蓝	绿	蓝	蓝	蓝	蓝	蓝	蓝	蓝	蓝
文体娱乐用品行业生产者出厂价格指数	蓝	绿	绿	绿	绿	绿	绿	绿	绿	绿	黄	红
文体娱乐用品行业固定资产投资	绿	绿	绿	绿	绿	绿	绿	绿	绿	蓝	蓝	蓝
文体娱乐用品行业出口交货值	蓝	蓝	蓝	黄	绿	绿	绿	蓝	绿	绿	绿	绿
文体娱乐用品行业主营业务收入	蓝	蓝	绿	绿	绿	绿	绿	蓝	蓝	蓝	蓝	蓝
文体娱乐用品行业利润总额	绿	绿	绿	绿	绿	绿	绿	绿	绿	绿	绿	绿
文体娱乐用品行业主营业务利润率	黄	红	红	黄	红	红	红	红	红	红	红	红
文体娱乐用品行业从业人数	蓝	蓝	蓝	蓝	绿	绿	绿	绿	绿	绿	绿	绿
文体娱乐用品行业产成品资金（逆转）	蓝	蓝	绿	绿	绿	黄	绿	黄	黄	黄	黄	绿
文体娱乐用品行业应收账款（逆转）	蓝	蓝	蓝	蓝	蓝	绿	黄	绿	红	黄	黄	黄
预警指数	绿	绿	绿	绿	绿	绿	绿	绿	绿	绿	绿	绿
	83	90	93	97	87	97	97	90	103	93	93	93

图 2 中经文体娱乐用品制造业预警指数指标灯号

★灯号图说明：预警灯号图是采用交通信号灯的方式对描述行业发展状况的一些重要指标所处的状态进行划分：红灯表示过快（过热），黄灯表示偏快（偏热），绿灯表示正常稳定，浅蓝灯表示偏慢（偏冷），蓝灯表示过慢（过冷）；对单个指标灯号赋予不同的分值，将其汇总而成的综合预警指数也同样由五个灯区显示，意义同上。

（二）2016 年文体娱乐用品制造业生产经营状况

1. 行业增加值增速明显下降

2015 年以来，文体娱乐用品制造业增加值增速进入下降通道，持续大幅下降。经初步季节调整①，2016 年前三季度文体娱乐用品制造业增加值分别同比增长 5.9%、4.4%和 2.8%，增速逐季下挫，与 2015 年同期相比，增速分别下降 1.1、4.0、5.1 和 2.7 个百分

---

① 初步季节调整指原始数据仅剔除春节等节假日因素的影响，未剔除不规则因素的影响。

点，第三季度增速已经达到 2010 年以来的最低水平；第四季度文体娱乐用品制造业增加值为 3.1%，比第三季度提高 0.3 个百分点，但仍处于较低水平，比 2015 年同期下降 2.7 个百分点。

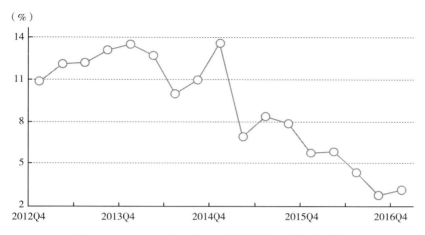

图3　2012~2016年文体娱乐用品制造业增加值增速

2. 主营业务收入增速有所恢复

经历过大幅下降后，2016 年文体娱乐用品制造业收入状况有所恢复。经初步季节调整，2016 年第一季度文体娱乐用品制造业主营业务收入 3826.9 亿元，逆转了 2015 年第四季度同比下降的格局，实现同比增长 7.0%，增速比上年同期提高 0.2 个百分点；第二和第三季度文体娱乐用品制造业收入有所调整，分别实行主营业务收入 3902.4 和 4160.8 亿元，同比增长 4.9% 和 1.6%，降幅持续下降；第四季度文体娱乐用品制造业主营业务收入达到 4628.5 亿元，增速有所回升，达到 5.0%，比上一季度提高 3.4 个百分点。

与主营业务收入类似，文体娱乐用品制造业出口略有波动。2016 年第一季度，文体娱乐用品制造业出口交货值为 903.5 亿元，同比增长 2.7%，而 2015 年第四季度出口交货值则同比下降 27.4%；

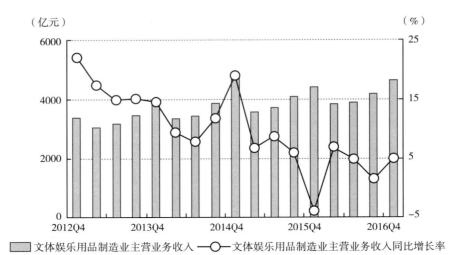

图4　2012~2016 年文体娱乐用品制造业主营业务收入及增速

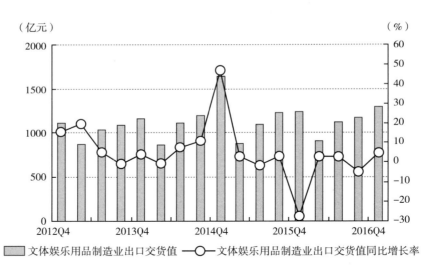

图5　2012~2016 年文体娱乐用品制造业出口交货值及增速

第二季度，文体娱乐用品制造业出口交货值为 1126.1 亿元，同比增长 2.4%，相对平稳；第三季度文体娱乐用品制造业出口状况有所恶化，出口交货值为 1177.3 亿元，同比下降 4.7%；第四季度文体娱乐用品制造业出口状况又有所恢复，出口交货值达到 1300.2 亿元，同比增长 4.7%。比较来看，文体娱乐用品制造业出口交货值和主营业务收入变化趋势具有很强的相关性，在一定程度上说明文体娱乐用品制造业具有很强的外向性。2016 年四个季度，文体娱乐用品制造业出口交货值占主营业务收入比重分别为 23.6%、28.9%、28.3% 和 28.1%，对外依存度整体上有所上升。

3. 生产者出厂价格快速上涨

2016 年，文体娱乐用品制造业市场状况明显好转。在经历 2015 年持续下降后，2016 年文体娱乐用品制造业价格迅速回升。经初步季节调整，2016 年第一季度文体娱乐用品制造业出厂价格指数为 100.0（上年同期水平＝100），结束了连续四个季度价格同比下降；第二至第四季度，文体娱乐用品制造业出厂价格指数分别为 100.9、102.2 和 104.2，文体娱乐用品制造业出厂价格总水平同比上涨 0.9%、2.2%和 4.2%，不仅全部实现了上涨，而且增速持续提高，其中第四季度创 2012 年以来文体娱乐用品制造业出厂价格总水平单季同比最大涨幅。

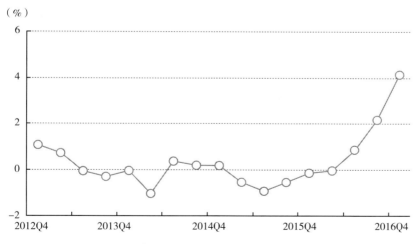

（%）

图 6 2012~2016 年文体娱乐用品制造业生产者出厂价格指数

4. 利润增速略有恢复

2015 年下半年，文体娱乐用品制造业利润总额增长率大幅下跌。2016 年，文体娱乐用品制造业经营状况有所好转。经初步季节调整，2016 年第一季度文体娱乐用品制造业完成利润总额 196.0 亿元，同比增长 9.3%，增速比 2015 年第四季度提高 5.0 个百分点，增速明显恢复；第二季度文体娱乐用品制造业实现利润 209.1 亿元，同比增长 11.5%，增速进一步扩大；第三和第四季度文体娱乐用品制造业分别实现利润 229.4 和 344.2 亿元，同比增长 9.4% 和 7.1%，增速虽然有所回落，但仍比 2015 年同期高 5.4 和 2.8 个百分点。

2015 年，文体娱乐用品制造业虽然利润总额增速下降，但利润率保持了较高水平。2016 年，文体娱乐用品制造业利润率进一步提升。经初步季节调整，2016 年四个季度文体娱乐用品制造业销售利润率分别为 5.1%、5.4%、5.5% 和 7.4%，稳步上升，与 2015 年同期下降分别提高 0.1、0.3、0.4 和 0.1 个百分点。由此可见，虽然近两年文体娱乐用品制造业利润总额增速较以往明显下降，但企业经营水平和盈利能力刬稳步提升，行业发展质量有所提高。

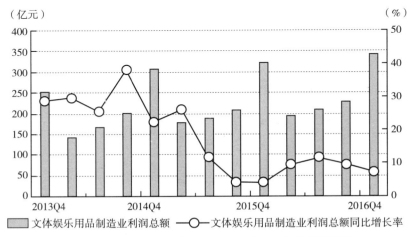

图 7 2013~2016 年文体娱乐用品制造业利润总额及增速

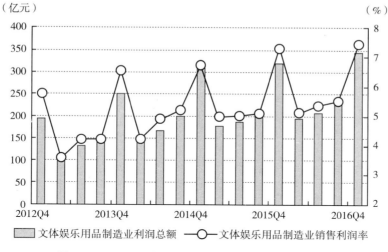

（亿元）　　　　　　　　　　　　　　　　　　　　（％）

　　　　文体娱乐用品制造业利润总额　　──○── 文体娱乐用品制造业销售利润率

图8　2012~2016年文体娱乐用品制造业销售利润率

5. 行业库存压力有所加大

　　综合来看，2016年文体娱乐用品制造业库存增速整体上行。经初步季节调整，2016年，截至第一季度文体娱乐用品制造业产成品资金730.0亿元，同比增长4.3%，增速较上一季度提高2.2个百分点，但比主营业务收入的增速低2.7个百分点；截至第二季度文体娱乐用品制造业产成品资金为730.2亿元，同比增长2.7%，增速继续下降，同时比主营业务收入的增速低2.2个百分点，延续去库存的格局；2016年下半年，文体娱乐用品制造业库存状况出现反弹，第三和第四季度截至季度末产成品资金分别为785.7和871.5亿元，分别同比增长5.8%和11.7%，增速增长迅速，第四季度增速为近两年来的最大值，此外，产成品资金增速也明显高于主营业务收入增速，两者"剪刀差"分别为4.2和6.7个百分点，文体娱乐用品制造业库存压力逐渐加大。

6. 应收账款略有回升

　　整体而言，2016年文体娱乐用品制造业应收账款止跌企稳。经

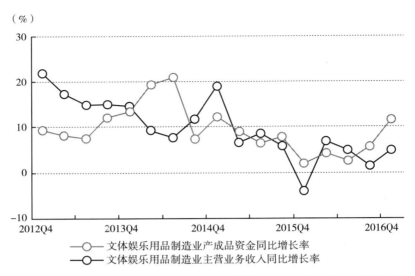

（%）

文体娱乐用品制造业产成品资金同比增长率
文体娱乐用品制造业主营业务收入同比增长率

图9　2012～2016年文体娱乐用品制造业产成品资金和主营业务收入增速对比

初步季节调整，截至第一季度，文体娱乐用品制造业应收账款
1128.5亿元，延续2015年下半年下降趋势，同比下降12.0%，降
幅比上一季度扩大11.1个百分点，创近年来最大跌幅；截至第二季
度，文体娱乐用品制造业应收账款1145.5亿元，实现了止跌回升，
同比增长0.7%；截至第三季度，文体娱乐用品制造业应收账款
1241.4亿元，同比增长2.8%，增速比上一季度提高2.1个百分点，
但考虑到2015年第三季度的基数效应，增长仍处于较低水平；截至
第四季度，文体娱乐用品制造业应收账款1352.9亿元，同比增长
0.2%，增速较上一季度下降2.6个百分点。同时，除第二季度之
外，文体娱乐用品制造业应收账款增速均低于主营业务收入增速。此
外，经初步季节调整，文体娱乐用品制造业应收账款周转天数①分别
为26.5、26.4、26.9和26.3天，整体略有下降，第四季度比上年

---

①　应收账款周转天数表示应收账款从发生到收回（即周转一次）的平均天数。一般
来说，应收账款周转天数越短，则资金利用效率越高；反之则越低。计算公式为：90/（季
度销售收入/平均应收账款）。

同期减少 1.3 天，回款压力有所减轻。

（％）

图 10　2012~2016 年文体娱乐用品制造业应收账款和主营业务收入增速对比

7. 固定资产投资探底回升

2016 年，文体娱乐用品制造业固定资产投资经历大幅波动。经初步季节调整，2016 年前三季度文体娱乐用品制造业固定资产投资分别为 666.7、789.6 和 688.1 亿元，分别同比增长 24.2%、18.7%和 2.1%，增速持续大幅度下降，其中第三季度固定资产增速跌至 2010 年的最低水平；第四季度文体娱乐用品制造业固定资产投资 774.7 亿元，增速止跌回升，同比增长 13.6%，增速比第三季度提高 11.5 个百分点，但仍远低于 2015 年整体水平。

8. 用工人数下降幅度加大

近年来，文体娱乐用品制造业从业人数持续下降，2016 年从业人员下降幅度进一步扩大。经初步季节调整，2016 年，截至第一季度，文体娱乐用品制造业从业人数为 202.6 万人，同比下降 0.2%，延续 2012 年以来降幅缩小的趋势，较上一季度减少 0.2 个百分点。

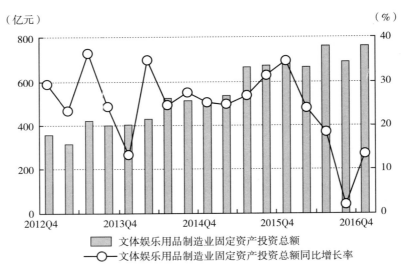

图 11 2012~2016 年文体娱乐用品制造业固定资产投资总额及增速

图例：
- 文体娱乐用品制造业固定资产投资总额
- 文体娱乐用品制造业固定资产投资总额同比增长率

但从第二季度开始用工状况进一步恶化，第二至第四季度截至季度末文体娱乐用品制造业从业人数分别为 212.0、218.9 和 221.9 万人，同比下降 0.9%、1.9% 和 2.2%，降幅持续快速加大，分别比 2015 年同期扩大 0.2、0.9 和 1.8 个百分点，其中第四季度降幅已经达到近三年来的最大值。

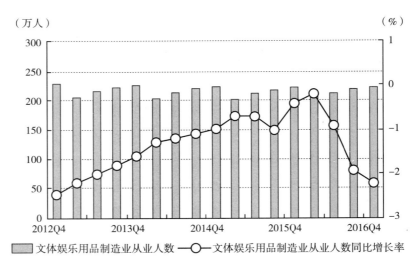

图例：文体娱乐用品制造业从业人数 文体娱乐用品制造业从业人数同比增长率

图 12 2012~2016 年文体娱乐用品制造业从业人数及增速

二、2016 年文体娱乐用品制造业运行分析

（一）文体娱乐用品制造业总体运行情况

2016 年，文体娱乐用品制造业运行相对平稳。虽然 2016 年文体娱乐用品制造业增加值增速继续大幅下降，增速创近年来的新低，但由于产品价格快速回升，加之出口状况比 2015 年末明显好转，文体娱乐用品制造业主营业务收入相对平稳，经济效益则较 2015 年末有所好转，企业利润率整体有所上升，第四季度达到近年来单季利润率最高值。文体娱乐用品制造业固定资产投资出现波动，在连续下降后第四季度则明显回升。就状态而言，中经文体娱乐用品制造业预警指数继续在正常的"绿灯区"运行。工业增加值和主营业务收入均表现为过冷的"蓝灯"，出口交货值则处于偏冷"浅蓝灯"状态，行业固定资产投资整体也偏冷；而生产者出厂价格由正常的"绿灯"转为过热的"红灯"，利润总额整体处于正常的"绿灯区"，行业利润

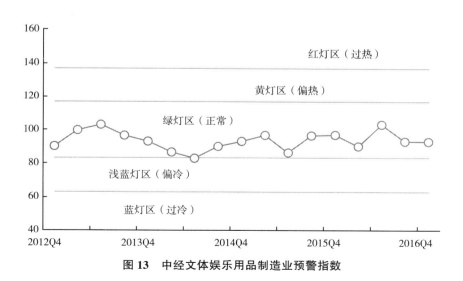

图 13　中经文体娱乐用品制造业预警指数

率继续过热，产成品资金（逆转）和应收账款（逆转）也整体偏热，均拉高了行业整体水平。

（二）文体娱乐用品制造业运行特点及原因分析

文体娱乐用品制造业是我国轻工业重要组成部分，改革开放以来得到了快速发展，目前我国已经成为世界文体娱乐用品生产大国。但是，技术含量低、品牌意识薄弱、高端产品依然缺乏是困扰文体娱乐用品制造业发展的重要问题。近年来，随着文体娱乐消费升级，对相关产品提出了更高要求，提升质量成为文体娱乐用品制造业发展重点。

1. 行业发展内部支撑力有所增强

随着我国居民收入水平的提高，对文化、体育、娱乐、健康的需求不断增加。文化部统计公报显示，2015 年末，全国艺术表演团体达到 1.08 万个，全年演出 210.8 万场，分别比 2010 年提高 57.2% 和 53.8%；2015 年末全国人均图书馆建筑面积达到 95.8 平方米，比 2010 年提高 42.8%；每万人群众文化设施建筑面积 279.95 平方米，比 2010 年提高 48.4%。国家统计局数据显示，2016 年被调查的 5.0 万家规模以上文化及相关产业企业实现营业收入 80314 亿元，同比增长 7.5%（未扣除价格因素），增速比 2015 年提高 0.6 个百分点。"十二五"期间，体育事业也得到快速发展。2014 年，全国体育产业总规模超过 1.35 万亿元，实现增加值 4041 亿元，占国内生产总值的 0.64%；2015 年，体育产业总产出为 1.7 万亿元，增加值为 5494 亿元，占国内生产总值的 0.8%。

在国际市场低迷的情况下，国内消费升级对文体娱乐用品制造业支撑作用逐步显现。2016 年，文教办公用品行业主营业务收入为 1095.3 亿元，同比增长 12.4%；利润总额达 69.1 亿元，同比增长

22.1%；出口交货值为 192.4 亿元，仅同比增长 1.5%。体育用品行业主营业务收入为 1467.1 亿元，同比增长 6.2%；利润总额为 87.8 亿元，同比增长 9.5%；出口交货值为 566.3 亿元，同比增速仅为 2.6%。2016 年 1~11 月，全国规模以上乐器行业完成主营业务收入 355.6 亿元，同比增长 8.0%；实现利润 26.6 亿元，同比增长 15.0%；行业出口额为 14.42 亿美元，同比下降 6.58%。相比而言，玩具行业出口状况相对较好，累计出口交货值达 1004.7 亿元，同比增长 5.7%，但增速也明显低于主营业务收入和利润总额。根据中经产业景气指数，经初步解决调整，文体娱乐用品制造业出口交货值占主营业务收入比重近年来整体呈下降趋势。

2. 国际市场环境趋紧

我国是文体娱乐用品制造和出口大国，文体娱乐用品制造业具有较强的外向型特点，产品出口到世界 200 多个国家和地区，但近年来，我国文体娱乐用品企业在国际市场上面临的挑战逐渐增多。一方面，随着我国劳动力、土地等成本的上升，加之新兴经济体生产能力的提升，我国在传统产品领域的成本优势和竞争优势不断减弱，同时由于缺乏对产品品质和产品品牌的重视，技术创新整体水平较低，在高端产品市场竞争力不足；另一方面，个别企业质量意识、责任意识薄弱或缺乏对国际技术标准的把握，在一定程度上影响了中国产品的国际形象，文教体育用品协会资料显示，2016 年上半年共有六个批次出口到欧盟的产品因产品或部件的铅含量超标而受到召回。此外，随着贸易保护主义抬头，贸易壁垒和技术壁垒均有所增强。2015 年底，墨西哥对原产中国的儿童自行车反倾销调查做出最终裁决，决定对相关产品征收 13.12 美元/辆的反倾销税。2016 年 6 月 1 日，欧洲委员会第 2015/628 号规例正式生效，根据该法例，儿童可以放入口中的物品或物品部件，若含铅量超出最低限度 0.05%，则不得投放到欧盟市场。2016 年下半年，美国消费品安全委员发布了玩具强制性安全标准 ASTM F963-2016，新增了充电电池和电池组的玩具产品的测试要求。2016 年底，欧盟玩具安全委员会表决通过了玩具安全指令中双酚 A（BPA）的限量调整提案，主要是针对三岁以下的儿童玩具中的 BPA，将限量从原来的 0.1mg/L 调整至 0.04mg/L。

3. 积极开展"三品"专项行动

消费需求的升级增强了文体娱乐用品制造业的活力，同时也对行业发展提出了更高要求，有效供给不足成为制约行业发展核心问题。针对品种单一、品质欠佳、品牌薄弱方面的问题，2016 年 5 月，国务院办公厅印发了《关于开展消费品工业"三品"专项行动营造良好市场环境的若干意见》，实施增品种、提品质、创品牌的"三品"战略，着力提升品种丰富度、品质满意度、品牌认可度。2016 年 6 月，工信部印发了《关于开展 2016 年消费品工业"三品"专项行动营造良好市场环境的通知》，其中包括《实施方案》和《重点工作分工方案》明确了 2016 年"三品"专项行动的主要目标、重点任务及各部门职责。2016 年 12 月，工信部印发了《关于促进文教体育用品行业升级发展的指导意见》，以"三品"专项行动为核心对文教体育用品行业升级进行规划部署。落实标准化战略，加强标准体系建设是"三品"专项行动的重要组成部分。2016 年，国家质检总局和国家标准化管理委员会发布了《乒乓球台的安全、性能要求和试验方法》、《羽毛球拍及部件的物理参数和试验方法》、《网球拍及部件的物理参数和试验方法》、《体操蹦床功能和安全要求及试验方法》、《涂改类文具中氯代烃的测定气相色谱法》等若干项国家标准，文体娱乐用品领域国家标准体系进一步完善，为"三品"专项行动提供了保障。

4. 技术创新步伐有所加快

长期以来，重成本、轻技术一直是轻工业行业的特点，提高技术水平和创新能力是相关行业转型升级的根本出路，特别是在新的条件下，对提升行业技术创新能力的要求更加迫切。2016 年 8 月，工信部发布了《轻工业发展规划（2016~2020 年）》，将"深度调整、创新提升"作为行业发展的主线，提出"重点行业规模以上企业研究与实验发展经费支出占主营业务收入的比重超过 2.2%"的创新目标要求，明确了 31 个行业的发展方向，文化艺术体育休闲用品领域主要包括工艺美术、文教体育用品、玩具、乐器、眼镜、制笔、礼仪休闲用品、文房四宝、少数民族用品等九个大类，对每一领域创新方向提出要求。2016 年底，中国轻工业联合会编制发布了《升级和创新消费品指南（轻工 第一批）》，进一步推动轻工业创新升级。其中，升级产品包括童车三款和安全座椅一款；创新产品包括安全座椅一款、婴童用品两款、玩具一款。在"互联网+"的推动下，新一代信息技术、智能制造、数字技术在文体娱乐用品制造业中应用程度稳步提高，新兴商业模式不断涌现，对于行业技术创新能力提升发挥了积极作用。

三、行业前瞻与对策建议

（一）文体娱乐用品制造业景气和预警指数预测

2017 年，文体娱乐用品制造业出口状态仍不乐观，但随着国内需求增加和企业创新能力提升，行业总体发展有望保持稳定。文体娱乐用品制造业企业景气调查结果显示：2016 年第四季度企业经营状况的即期指数为 116.5，比上季度上升 4.7 点；2017 年第一季度企业经营状况预测的预期指数为 111.7，比即期指数低 4.8 点，比上季度下降 1.9 点。其中，在接受第四季度调查的文体娱乐用品制造业企业中，83.3%的企业订货量增加或持平，比上季度低 0.8 个百分点；87.8%的企业用工需求增加或持平，比上季度低 0.5 个百分点；84.1%的企业投资增加或持平，比上季度高 10.4 个百分点。

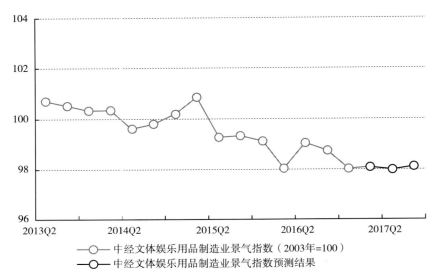

图 14　中经文体娱乐用品制造业景气指数预测

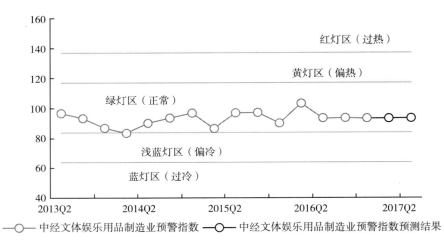

图 15　中经文体娱乐用品制造业预警指数预测

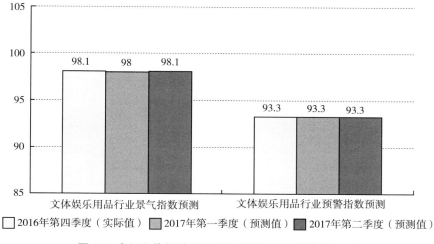

图 16　中经文体娱乐用品制造业景气和预警指数预测

经模型测算，预计 2017 年一季度和 2017 年二季度文体娱乐用品制造业景气指数分别为 98 和 98.1，预警指数分别为 93.3 和 93.3，与 2016 年第四季度基本持平。

（二）2017 年行业前景展望

目前，我国消费升级正步入新的发展阶段，消费由生存型、物质型逐渐向发展型、服务型转变，文化、教育、健康、娱乐、艺术需求快速增长。2016 年，《全民健身计划（2016～2020 年）》、《体育发展"十三五"规划》、《体育产业发展"十三五"规划》相继发布，根据相关规划，到 2020 年，每周参加一次及以上体育锻炼的人数达到 7 亿人，经常参加体育锻炼的人数达到 4.35 亿人，人均体育场地面积达到 1.8 平方米，体育消费额占人均居民可支配收入比例超过 2.5%，体育消费总规模达到 1.5 万亿元，全国体育产业总规模超过 3 万亿元。近年来，文化产业发展迅速，国家《"十三五"规划纲要》将文化产业作为国民经济支柱产业，文化产业将迎来快速发展时期。

总体来看，2017 年我国文体娱乐用品需求仍将保持较快增长，在国内市场带动下，文体娱乐用品制造业有望保持平稳运行。但是，行业技术水平与消费升级的需要存在较大差距，产品品质以及高端产品供给能力还无法满足消费水平升级的要求，积极推进"三品"战略，提升企业技术创新能力是近期文体娱乐用品制造业发展的重点。

相比较而言，国际市场环境将更加复杂。在面临越来越强新兴经济体冲击的同时，地区保护主义、贸易保护主义进一步抬头，主要发达经济体以及部分发展中国家贸易壁垒和技术壁垒有所加强，贸易摩擦事件将呈现上升趋势，对我国传统产品出口造成较大影响。

（三）行业发展的对策建议

目前，文体娱乐用品品种、品质、品牌与国际先进水平相比差距较大，有效供给能力不足问题较为突出，以"三品"战略为统领，强化基础建设是行业近期发展的重点。

着力提升企业技术创新能力。创新能力是行业转型升级、持续发展的基础，无论产品品种、品质的改善，还是产品标准、品牌的提升，均有赖于行业创新水平的提高。继续加大研发投入，加强产学研合作，创建高水平研发基地，加快行业新材料、关键零部件、新工艺和先进装备的研发应用，重点突出行业技术发展的关键环节，推动行业技术创新发展。积极推动两化融合，鼓励和促进现代信息技术、智能技术在文体娱乐用品行业中的应用，支持商业模式创新，鼓励创新创业，提升行业智能化水平。完善创新环境，加强专利保护，规范企业行为，营造良好的创新氛围。

积极应对国际市场变化的冲击。针对趋于复杂的国际贸易环境，充分发挥商务主管机构、行业协会、大型企业、研究机构的作用，加强对国际市场变化的监测和跟踪，积极开展国际市场变化趋势的研究，重点关注相关国家产品标准、技术标准、行业政策的变化和调整，利用现代通信工具和通信方式完善信息发布渠道，降低企业的经营风险。依托"一带一路"战略实施，推动文体娱乐用品行业加工贸易创新，探索多种合作模式，引导企业合理利用国际市场和国际资源，鼓励企业向产业链高端发展，提升文体娱乐用品企业在国际产业分工中的地位，增加行业的国际竞争力。

积极推进行业标准体系建设。标准体系对于规范企业行为、推动行业发展具有重要意义，加强标准体系建设是开展"三品"专项行动的基础和保障。针对文体娱乐用品产业发展的需求，加快完善产品质量、产品生产、产品检测等系列标准，形成国家标准、行业标准、企业标准相互支撑的多层次标准体系。适应产业升级的需要，加强重要标准的研制，开展相关领域对标工作，不断提升相关标准水平，积极参与国际标准的制定，增强我国在国际标准中的参与度和影响力。加强宣传推广、监督检查和执法力度，提升标准服务化水平，切实保障标准的实施。

执笔人：吴滨　郭文娟